Jo Foxworth

Kulinarische Verführung

Jo Foxworth

Kulinarische Verführung

Sinnliche Menüs aus amerikanischen Etablissements

mit Rezepten von Jeanne Bauer

Aus dem Amerikanischen von Stefanie Schaeffler

Ehrenwirth

Die Deutsche Bibliothek – CIP-Einheitsaufnahme

Kulinarische Verführung : sinnliche Menüs aus amerikanischen Etablissements / Jo Foxworth. Mit Rezepten von Jeanne Bauer. Aus dem Amerikan. von Stefanie Schaeffler. – München : Ehrenwirth, 1999
Einheitssacht.: The Bordello cookbook <dt.>
ISBN 3-431-03580-9

Die Originalausgabe erschien unter dem Titel *The Bordello Cookbook*
bei Moyer Bell, Wakefield, Rhode Island

Schwanthalerstr. 91, 80336 München
Internet: www.ehrenwirth.de
ISBN 3-431-03580-9

Einbandgestaltung: Gisela Kullowatz, Bergisch Gladbach
Satz: ew print & medien service gmbh, Würzburg
Druck: Westermann Druck, Zwickau
Printed in Germany

Dieses Buch ist dem Andenken der legendären Everleigh Sisters gewidmet, Minna und Aida, die von 1900 bis 1911 in Chicago das »großartigste Freudenhaus von ganz Nordamerika« besaßen und betrieben.

Danke, Danke, Danke!

allen Freunden und Geschäftspartnern, die mir halfen, *die Kulinarische Verführung* zusammenzustellen:

An erster Stelle Jeanne Voltz, Ernährungsspezialistin und Autorin von 13 ausgefallenen Kochbüchern, die in der Anfangsphase des Buches mit mir zusammengearbeitet hat.

Meiner Co-Autorin, Jeanne Bauer, die die außergewöhnlichen Rezepte samt des dazugehörigen Küchenwissens erarbeitet hat.

Fifi Oscard, Literaturagentin, die mich meiner Verlegerin vorgestellt hat.

Renée Bennett, deren geschätzter Rat und Beistand immer zu meiner Verfügung standen.

Claudia Rowe, Shireen Patell, Naeron Verhayen, Tanya Williams und meiner Nichte Anne Mitchell, Bibliothekarin an der Universität von Texas in Arlington, die für mich recherchierten.

Nobuko Suito, Amy Correia, Jim Skahan und Evan Gold, die in meinem Büro die Dinge am Laufen hielten.

Meiner Freundin Betty Thompson, die mich nach der Lektüre des Textes so lange mit der Wasserpistole bedroht hat, bis ich die meisten Gedankenstriche in Kommas abänderte.

Buford Hawkins – du weißt schon wofür!

Und zu guter Letzt will ich den 29 Verlegern danken, die mein anfängliches Konzept ablehnten. Wenn einer von ihnen tatsächlich den Mut oder die Torheit besessen hätte, es anzunehmen, wäre ich niemals Jennifer Moyer begegnet, der reizenden Verlegerin, die es schließlich annahm.

Jo Foxworth

Inhalt

Einleitung

Als Sex noch eine Sünde war, hatten die Häuser, die kein Zuhause sind, Hochkonjunktur, und Frauen schafften dadurch erstmals den Durchbruch in der Geschäftswelt. Diese Etablissements versprachen das große Geschäft und wurden aus einem offensichtlichen Bedarf geboren. Anständige Ehefrauen hatten damals keinen Spaß im Bett zu haben, und jeder anständige Ehemann horchte auf, wenn sie es doch hatten, denn das schickte sich nur für Männer – und war ebendrum so rar gesät! Eine Ehefrau, die unter Sex etwas anderes als ehrenvolle Pflichterfüllung verstand, machte sich bei ihrem Mann ganz automatisch verdächtig. Und jeder Ehemann lachte zwar ungeniert über die beliebten Witzchen vom Gasmann und irgendwelchen Vertretern an der Haustür, hoffte aber nebenbei insgeheim, sie mögen nur die Frau des Nachbarn betreffen. Von seiner eigenen Frau erwartete er, daß sie gefälligst ihre Liebestöter anbehielt und ihr Mieder verschnürt ließ, bis er abends nach Hause kam.

Gleichzeitig waren die wenigen Jobs, die Frauen offen standen, außerordentlich unergiebig – ganz besonders am Zahltag. Für Witwen und unverheiratete Frauen war es fast unmöglich, ihren Lebensunterhalt auf anständige Weise zu verdienen. Statt dessen waren sie auf die widerwillig gewährten Almosen irgendwelcher Verwandten angewiesen. Die zahlende Verwandtschaft erwartete dafür gewöhnlich die eine oder andere Gegenleistung, und dieses »Wie du mir, so ich dir« geriet häufig etwas aus dem Gleichgewicht. Eine Frau, die an der Türschwelle ihrer Verwandten erschien, fand sich zuletzt nicht selten als unbezahltes Hausmädchen wieder – beim Kinderhüten, Kochen, Putzen, Waschen und Bügeln. Wenn danach noch Zeit blieb, konnte sie ja immer noch Socken stopfen, Knöpfe annähen und den Hund baden.

So war die Zeit reif für Geschäfte, die allen zugute kommen sollten – Frauen und Männern, ob verheiratet oder nicht. Treten Sie ein, hier steht die Liebe zum Verkauf! Die Jahrhundertwende war das goldene Zeitalter des amerikanischen Freudenhauses, dem einzigen Platz, an dem Frauen arbeiten und (im wahrsten Sinne des Wortes) anschaffen durften, ja sogar mußten. Frauen, die darauf brannten, etwas anderes zu sein als Hausfrauen, konnten nämlich daran verzweifeln, wenn es nach den männlichen Chefs ging. In den meisten Branchen durfte keine Frau die Türschwelle übertreten, außer vielleicht um den Müll hinauszutragen, den Boden zu schrubben oder irgendeine andere niedere Arbeit zu verrichten, die unter der Würde der Männer war. Und an die Vorstandsetagen wagten Frauen nicht einmal zu denken.

Aber – ach! – was für ein Unterschied im Falle der Freudenhäuser. Endlich konnte man als Frau die Sache in die Hand nehmen, und was für eine Sache das war! Vielleicht kann man den Geschmack der Frauen, die dort das Sagen hatten, in Frage stellen, niemals aber ihren Erfindungsgeist! Die Höhenflüge ihrer Phantasie ließen Vergnügungspaläste von überschäumendem Luxus entstehen, Kitsch und Pomp, soweit das Auge reichte. Alles was glänzte, verschönerte die Häuser: Silber und Gold, Satin und Seide, Kristall und hochglänzendes Messing. Um neben dem von ihnen geschaffenen prachtvollen Ambiente nicht zu verblassen, erstrahlten die Damen selbst im Glanze ihrer Juwelen: Diamanten, Smaragde und Rubine, dazwischen ein paar Saphire als Zeichen von Lebensart. Sie kannten ihr Geschäft in- und auswendig, und die Verklemmtheit des viktorianischen Zeitalters tat das Übrige. In dieser so stark von Verboten geprägten Zeit verstanden sie als erste, daß purer Sex alleine nicht genügte, und daß für die diversen Vergnügungen, die angeboten und gekauft wurden, eine Aura der Verstellung vonnöten war. Die Unwirklichkeit des Ganzen ließ die Illusion von einer anderen Welt entstehen, und schuf so eine willkommene Ablenkung für die Kunden, die allesamt durch die zu Hause herrschende Anständigkeit und Verweigerung frustriert waren. Ein Schwerenöter von Ehemann konnte sein schlechtes Gewissen beruhigen, indem er sich einredete, daß nichts von alledem wirklich passiere, daß er jemand Fremdes in einer fremden Welt sei.

Obwohl die Freudenhäuser als »Häuser von zweifelhaftem Ruf« galten, genossen doch viele der mehr kulinarisch orientierten Etablissements ein gewisses Ansehen, das sie dem geschäftlichen und sozialen Status ihrer Gönner verdankten. Ein Gentleman konnte am einen Ende der Stadt seine Familie unterhalten und seine *filles de joie*, seine Freudenmädchen, am anderen – diskret verborgen hinter dem Schnitzwerk von Mahagonitüren und Fenstern aus Milchglas. Das Freudenhaus seiner Wahl war oft eine Art Club für ihn, ein zweites Zuhause. Gewöhnlich war es ein mondänes Herrenhaus, ausgestattet mit jedem nur erdenklichen Luxus, einschließlich der nötigen Privatsphäre und Protektion durch die Polizei. Zu einer Zeit, wo der gute Ruf eines Mannes durch einen Sexskandal so leicht ruiniert werden konnte, wie man heute damit Berühmtheit erlangt, war eine perfekte Tarnung nach außen von äußerster Wichtigkeit.

Das Freudenhaus war der Ort, an den ein Mann vor seiner kühlen Ehefrau und/oder seinem prüden gesellschaftlichen Umfeld fliehen konnte, um einen Abend lang dem totalen Hedonismus zu frönen. Verheiratet oder nicht, hier war er an einem sicheren Ort, hier konnte er seine anrüchigen Bücher und Bilder aufbewahren, seine Sexspielzeuge ausprobieren. Hier konnte er alles genau so haben, wie er es sich wünschte, ohne Angst vor Kritik oder einer tadelnd erhobenen Braue. Mancher Mann hortete hier wohlbehütet seine Lieblingsweine und -zigarren, und wenn er gerade seine Spendierhosen anhatte, ließ er exotisches Wild und Krustentiere in die Küche liefern und erfreute das ganze Etablissement damit. Als bevorzugter Gast des Hauses wurde er nicht nur zum Nutznießer aller Arten raffinierter Sonderbehandlung, sondern hin und wieder auch freigehalten.

Die Küchen einiger Häuser waren rund um die Uhr geöffnet, und ihr Angebot machte dem in den Zimmern der Mädchen ernsthaft Konkurrenz. Angeblich besuchten die Männer manche Häuser lediglich wegen ihres guten Rufes in kulinarischen Dingen. Sie aßen sich gründlich satt und gingen wieder nach Hause. Und die Damen waren die Letzten, die es gestört hätte, wenn ein Kunde sich lediglich für den Speisesaal interessierte. Sie waren bereit, jede Art von Hunger zu stillen – und schließlich war auch das Essen nicht gerade billig. So entdeckten sogar die einfacheren Häuser, daß es das Geschäft förderte, wenn auch Speisen und Getränke angeboten wurden.

Die Damen waren natürlich nicht auf den Kopf gefallen, wenn es auch einige ihrer Mädchen ganz sicher waren. Ein Freudenhaus zu führen war auf jeden Fall keine einfachere Aufgabe als heute einem der großen von Frauen gegründeten Konzerne vorzustehen, wie Liz Claiborne, Donna Karan oder Estee Lauder, um nur einige zu nennen. Die Besitzerin eines Freudenhauses kämpfte weitgehend mit den gleichen Problemen, die in jedem erfolgreichen Unternehmen auftauchen, und zusätzlich mit denen, die das außergewöhnliche Terrain ihres Geschäftes betrafen.

Mit diesem Vergleich sollen auf keinen Fall die großartigen Erfolge von so außerordentlich kreativen Frauen wie Claiborne, Karan und Lauder geschmälert oder irgendwelche persönlichen Gemeinsamkeiten zwischen ihnen und den Bordelldamen hergestellt werden – sieht man einmal von Grips, Energie und Talent ab. Es soll damit lediglich unterstrichen werden, daß die anderen Voraussetzungen, die normalerweise nötig sind, um ein blühendes Unternehmen aufzubauen und am Laufen zu halten, den Frauen vor hundert Jahren noch nicht zur Verfügung standen – mochten sie auch noch so viel Grips, Energie und Talent besitzen.

Das Geschäft mit der käuflichen Liebe war übrigens nicht auf die repräsentativen Herrenhäuser beschränkt. Zusätzlich zu diesen großen Freudenhäusern gab es Salons, Bordelle, Häuser, die »sporting houses« oder »cathouses« genannt wurden, und ganz miese Absteigen und Puffs. Gemeinhin warf man damals alle unter der Bezeichnung »Hurenhäuser« in einen Topf – sehr zum Bedauern der Damen, die die »besseren Häuser« führten.

Dieses Buch handelt vorwiegend von den vornehmeren Häusern und den bemerkenswerten Frauen, die sie besaßen und führten. Es gibt darüber nur wenig Material, da das horizontale Gewerbe ja letztendlich illegal war und die Besitzerinnen natürlich versuchten, möglichst wenig Staub aufzuwirbeln – und zwar vor genauso wie nach ihrer »Pensionierung«. Eine von ihnen, die unter dem falschen Titel einer Countess operiert hatte, ging später sogar nach Europa und legte sich durch die Verehelichung mit einem waschechten Adligen einen rechtmäßigen Titel zu. Eine andere wurde zur respektierten und bewunderten Bürgermeisterin einer bedeutenden Stadt und hatte eine diebische Freude daran, ihre Vergangenheit publik zu machen. Wieder zwei andere (sie waren Schwestern) zogen nach New York, wo sie unauffällig als unbescholtene Witwen lebten und in exklusiven Frauenclubs sowie in Theatern und in der Oper ein- und ausgingen.

Welches Leben sie später auch immer geführt haben mögen, in ihren jüngeren Jahren jedenfalls lebten sie in überschwenglichem (bis geschmacklosem) Luxus und genossen eine Art heimlicher Berühmtheit. Und sie wurden vielfach um die Erfahrung beneidet, in Geschäftsdingen obenauf zu sein – eine Art von geistiger Überlegenheit, die Frauen heutzutage – endlich! – erlangen können.

Natürlich flossen in der Welt der Huren auch damals nicht nur Milch und Honig. Nicht umsonst galt sie als lasterhaft, und natürlich gab es verderbte Dirnen im Gewerbe genauso wie verbrecherische Männer. Dieses Buch überläßt sie ihrem Schicksal und konzentriert sich statt dessen auf die Charaktere, die in jeder Hinsicht außerordentlich waren. Aus buchstäblich Hunderten von Frauen habe ich die ausgewählt, die mir am interessantesten erschienen. Nicht alle dieser Ladys waren mir wirklich sympathisch, und vielleicht geht es Ihnen ja genauso. Wenn Sie sich aber z.B. nicht in die Everleigh Sisters verlieben, werde ich den von ihnen kreierten Champagner »Paradise« aus Ihren Schuhen trinken.

– Jo Foxworth

Zu den Rezepten

Die Rezepte und Serviervorschläge in diesem Buch stammen aus vielen verschiedenen Quellen, angefangen von alten Familien-Rezeptbüchern bis hin zu Tagebucheinträgen und Kindheitserinnerungen. Alle Rezepte wurden behutsam modernisiert und entsprechen der heute erhältlichen Auswahl an Lebensmitteln und modernen Kochtechniken. Wo es eine Bereicherung darstellt, wurden die alten Zubereitungsarten in den Text zum Rezept aufgenommen. Die besondere Herkunft der Rezepte machte die Recherche außerordentlich faszinierend – glückliche Zufälle und bereitwillige Anleitung ergänzten einander. Meinen Dank für besondere Hilfe beim Recherchieren schulde ich unter anderem:
der Johnson & Wales University und ihrem Kulinarischen Archiv & Museum mit der Archivarin Barbara Kuck;
Cookery Americana, Arno Press, New York, 1973. (Eine Serie von 27 Kochbüchern in 15 Bänden mit äußerst interessanten Details aus der Sozialgeschichte Amerikas der vergangenen 150 Jahre.)
Und ganz besonders Louis I. Szathmary, dem beratenden Redakteur dieser Reihe.
Außerdem möchte ich die Hilfe der verstorbenen Maggie Waldron würdigen, meiner lieben Freundin und Mentorin. Ihr widme ich meine Arbeit an diesem Buch von ganzem Herzen.

– Jeanne Bauer

Zu den Illustrationen

Da die Freudenhäuser, die in diesem Buch vorgestellt werden, als unmoralisch und illegal verpönt waren, scheuten die Damen jede Art von Publicity, die die Mundpropaganda durch zufriedene Kunden überstieg. Sie waren (verständlicherweise) so kamerascheu, daß nur wenige authentische Photographien Zeugnis von ihren erfolgreichen Tagen ablegen. Deswegen sind hier nur Abbildungen von drei berühmten »Damen des einschlägigen Gewerbes« aufgenommen: Belle Cora, Lola Montez und Calamity Jane. Die anderen Zeichnungen und Bilder, die sich im Buch finden, sollen nicht die realen Menschen und Orte abbilden, sondern lediglich einen Eindruck vom Geist der Zeit und des Buches geben.

– die Herausgeber

1 Schmetterlinge im Freudenhaus

Die Damen jener Zeit wußten zwar, daß der Weg zum Herzen eines Mannes nicht unbedingt über seinen Magen führen muß, daß es aber durchaus hilfreich sein kann, ihn dort, wo er sich erholen soll, auch gut zu verpflegen.

Niemand verstand sich besser darauf als die berühmten Everleigh Sisters, Minna und Aida, deren Everleigh Club die Attraktion von Chicago war. Jedes ernstzunehmende Buch über die Küche von Freudenhäusern muß mit ihnen beginnen, denn der Club galt unter Männern (die es ja schließlich wissen mußten) als »das großartigste Freudenhaus in ganz Nordamerika«. Seine rund um die Uhr geöffnete Gourmetküche rangierte hoch unter den dort verfügbaren Vergnügungen, und ihre Delikatessen liefen den Genüssen anderer Art, die in den oberen Gemächern geboten wurden, beinahe den Rang ab. Einige Männer schworen Stein und Bein, daß sie lediglich der Küche wegen hier abstiegen, und wenn das wirklich so gewesen sein sollte, hatten die Schwestern sicherlich auch nichts dagegen. Der Preis für ein Dinner war genauso hoch wie der Preis für einen *romp d'amour* in den oberen Stockwerken – 50 Dollar und mehr in der Währung der Jahrhundertwende.

Es war Minnas ganzer Stolz, daß viele berühmte Persönlichkeiten hier übernachteten, einschließlich Leuten von königlichem Geblüt. Als Prinz Heinrich von Preußen die USA besuchte, ließ er schon beim An-Land-Gehen verlauten, daß es sein größter Wunsch sei, den Everleigh Club zu besuchen. Und das tat er dann auch! Während eines ausschweifend-wilden Abends dort vergaß sich der Prinz völlig. Er brachte einen Toast auf die Everleigh-Schwestern aus und schlürfte dazu Champagner aus dem Seidenschuh einer Kurtisane. Daraus entstand eine Mode, die ihren Höhepunkt in der Ära Fitzgerald fand und angeblich heute wieder aufgetaucht sein soll.

Also: Das nächste Mal, wenn ein Gentleman unbedingt einen Toast auf Sie ausbringen will – behalten Sie Ihre Schuhe an und servieren Sie folgenden Drink:

Champagnercocktail »Paradise«

Ein Glas gut gekühlten, sehr trockenen Champagner mit einigen Spritzern Williamsbirnen-Geist vermischen. Eine Birne der Länge nach halbieren, entkernen und einen schmalen Streifen abschneiden. Zum Umrühren in das Glas stecken.
Nehmen Sie wirklich nur ganz wenig Williamsbirne, damit der feine Champagnergeschmack nicht überlagert wird.
Probieren Sie mal anstelle des Birnengeistes einige Tropfen Grand Marnier!

Und wenn der Toast Ihres Gentlemans bei Ihnen gut ankommt, sollten Sie ihn mit einer neuen Austern-Variation beglücken, nach einem der folgenden Rezepte:

Austerntaschen

Ursprünglich ein beliebtes Entrée in Privatclubs. Man schätzt diese schmackhaften Appetizer als Beigabe zu den verschiedensten alkoholischen Getränken, sei es Wein, Champagner, Bier oder ein Cocktail.

12 fein geschnittene, gegarte Putenbrustscheiben
12 hauchdünn geschnittene gekochte Schinkenscheiben
2–3 EL Dijon-Senf
6 Lauchzwiebeln
24 Austern, ohne Schale

Putenbrust- und Schinkenscheiben halbieren. Auf jede Schinkenscheiben über Kreuz eine Putenbrustscheibe legen und diese dünn mit Senf bestreichen.

Die Lauchzwiebeln putzen und die grünen Enden entfernen. Die Enden der Länge nach in dünne Streifen schneiden. Die Zwiebeln fein würfeln und die mit Senf bestrichenen Putenscheiben damit bestreuen. In die Mitte jeweils eine Auster plazieren, die Ränder rundherum hochziehen mit den Lauchzwiebelstreifen wie ein Säckchen zubinden. Nebeneinander in eine Glasform legen und auf der höchsten Stufe in der Mikrowelle 1 Minute garen. Sofort servieren.
(Ergibt 24 Stück)

Eingelegte Austern

Von dieser Austernvorspeise können Sie einen Vorrat anlegen. Schlagen Sie zu, wann immer Sie günstig Austern bekommen, und legen Sie sie dann nach diesem Rezept ein. Ein idealer Snack für festliche Cocktailstunden.

800 ml ganze Austern, ohne Schale, aber mit Austernwasser
240 ml Weißweinessig
5 ganze Nelken
6 schwarze Pfefferkörner
1 EL geriebene Muskatblüte
1 kleine rote Paprikaschote
1/2 TL Salz

Die Austern mitsamt dem Austernwasser einmal aufkochen lassen.
Die Austern herausnehmen und in eine Schüssel oder einen Topf legen.
Den Essig und die Gewürze in das Austernwasser geben, erneut aufkochen lassen und über die Austern gießen.
Zugedeckt abkühlen lassen, dann in den Kühlschrank stellen.
Kalt oder bei Zimmertemperatur servieren.
Dazu reicht man Cracker oder Toastecken.
(Ergibt etwa 1 Liter)

Dazu vermerkt das Kochbuch *The Prairie Avenue Cookbook* aus dem 19. Jahrhundert: »Die *untere* Schalenhälfte ist diejenige, in der Austern auf den Tisch gebracht werden sollten; man sieht oft, daß sie in der oberen Schalenhälfte serviert werden, was hoffnungslos provinziell und absolut falsch ist.« Richtig oder falsch, jedenfalls gelten Austern (speziell rohe) schon seit langem als Aphrodisiakum – eine Vermutung, die durch ihren hohen Zinkgehalt bestätigt wird. (Zink wirkt nach Meinung anerkannter Experten sexuell anregend.)

Die folgende einfache Sauce ist ein Favorit bei wahren Austern-Liebhabern, die der Meinung sind, daß man Austern am besten aus der Schale und lediglich mit einem Spritzer Zitrone, ein wenig frisch geriebenem Meerrettich oder eben dieser einfachen Sauce ißt. James Beard schreibt dazu in seinem Buch *American Cookery* (1972, Little Brown and Company): »Wenn Sie den natürlichen Geschmack von Austern nicht mögen und meinen, Sie müßten sie mit Unmengen von roter Cocktailsauce verzehren, dann sollten Sie sie vielleicht lieber gar nicht essen!«

Mignonette-Sauce für rohe Austern

1/8 l Rotweinessig
4 EL fein gehackte Schalotten
weißer Pfeffer und Salz nach Belieben

Alle Zutaten in einer Schüssel vermischen. Vor dem Servieren über jede Auster eine kleine Menge der Sauce träufeln.

Hinweis: Die Sauce kann in einem luftdicht abgeschlossenen Behälter im Kühlschrank aufbewahrt werden.

(Ergibt etwa 1/8 Liter)

Die Schwestern benannten ihren Everleigh Club im Andenken an ihre Großmutter, die ihre Briefe stets mit einem »Everly Yours« (»Auf immer die Eure«) beschlossen hatte. In der Schreibweise »Everleigh« hatte das Wort ihrer Meinung nach so viel Klasse, daß sie es anstelle ihres Nachnamens verwendeten. Der Name schien zu passen und

blieb hängen – mit der Konsequenz, daß bis heute noch niemand den Geburtsnamen der Schwestern herausgefunden hat. Mit der Eröffnung des Clubs scheint ihre frühere Existenz völlig verblaßt zu sein.
Die große Eröffnung fand am 1. Februar 1900 statt. Das Haus stand in der South Dearborn Street Nr. 2131 in einem verrufenen Viertel Chicagos namens Levee. Minna war damals gerade einundzwanzig und Aida vierundzwanzig. Obwohl Minna die jüngere war, hatte sie die Hosen an; Aida bewunderte ihre Schwester und zog ihre Entscheidungen niemals in Zweifel.
Chicago war damals eine freizügige Stadt. Es gab über 500 Etablissements für käufliche Liebe in der Gegend, allesamt von Damen geführt, die in der Branche einen Namen hatten. Trotzdem waren die Newcomer von Anfang an über jede Konkurrenz erhaben, so daß erst gar keine Wettbewerbssituation aufkam. Von der Eleganz und Weltoffenheit des Everleigh Clubs konnte jedes Freudenmädchen nur träumen. Er befand sich in einem der größten Häuser der Stadt, das Minna für 500 Dollar im Monat von einer gewissen Effie Hawkins mietete, einer Dame des Gewerbes, die sich zur Ruhe setzen wollte und schnell noch das große Geld verdienen wollte, indem sie 55.000 Dollar für ihr abgeschabtes Mobiliar verlangte. Die alte Matrone jammerte, daß 55.000 Dollar (in die auch noch der Kundenstamm und die Mädchen eingeschlossen waren) ihre Unkosten nicht einmal annähernd decken könnten, daß sie aber trotzdem bereit sei, zwei ehrgeizigen Neulingen zum Start zu verhelfen. Minna bezahlte die Summe, um das Haus zu bekommen, und warf alles hinaus, was sich darin befand. Dann machte sie sich daran, ein Interieur von einem unglaublichen und bis ins kleinste Detail maßlos übertriebenem Protz zu schaffen.
Zur überwältigenden Innenausstattung gehörten zum Beispiel zwei geschwungene Treppenhäuser, geschmückt mit Kübelpalmen und Marmorstatuen, ein Mammut-Ballsaal mit Kristall-Kronleuchtern und einem orientalischen Springbrunnen, vierzehn Empfangszimmer, fünfunddreißig Schlafzimmer (treffender als Vergnügungssalons bezeichnet), eine Galerie voll mit geschmackvollen Aktbildern und romantischen Schäferszenen, ein Musikzimmer für die wöchentlich stattfindenden musikalischen Veranstaltungen und eine Bibliothek voller ledergebundener Klassiker. Es gab sogenannte goldene, silberne und kupferne Salons, die für die Minenmagnaten reserviert waren, deren Reichtum dem von Ölscheichs gleichkam. Der goldene Salon war mit Spucknäpfen aus achtzehnkarätigem Gold geschmückt, mit goldgeränderten Goldfischgläsern und vergoldeten Leuchtern. Andere Räume wieder standen unter einem

bestimmten Motto, wie der japanische, chinesische, ägyptische und natürlich der obligatorische maurische Salon.
Auch die derben, abgelebten Huren, die für Effie gearbeitet hatten, wurden von Minna auf der Stelle gefeuert und durch die blühendsten und hübschesten Mädchen ersetzt, die sie auftreiben konnte. Da die Schwestern nach eigener Aussage Schönheiten aus den Südstaaten waren, entließen sie auch das schlampige weiße Personal. Statt dessen stellten sie eine Riege geschulter und weißbehandschuhter Schwarzer ein, um die vornehme Südstaaten-Atmosphäre, die das Markenzeichen des Clubs werden sollte, noch zu unterstreichen. Ein Historiker aus Chicago nannte die Eröffnungssoiree des Everleigh Clubs überwältigend – Porzellan mit Goldrand, Kristallgläser, silbernes und goldenes Besteck, Tabletts und Sektkühler aus Gold, Tischtücher aus irischem Leinen und spanischer Spitze. All das in einem mit Walnußholz ausgekleideten Speisesaal, der mit einem Refektoriumstisch aus Mahagoni möbliert war, an dem gut und gerne 50 Menschen Platz fanden. Das sogenannte Pullman-Buffet, die Reproduktion eines Speisewagenabteils der Eisenbahn, wurde für intimere Anlässe genutzt. Es war genauso verschwenderisch ausgestattet – nur eben etwas kleiner.
Der Club beschäftigte zwischen 15 und 25 Köche. Die Partys, für die das Haus berühmt war, wurden von einem sogenannten *Cordon-bleu*-Küchenchef ausgerichtet. Ein Menü mit Wein kostete mindestens 50 Dollar und wurde entsprechend der Exklusivität der bestellten Gänge teurer. Dieser Preis schloß noch kein Mädchen ein. Die kostspieligste Party, die jemals im Club statt fand, fand zu Ehren eines Eisenbahnpräsidenten statt. Jeder Gang bestand aus Delikatessen, die gerade keine Saison hatten, und der Preis für das ganze Menü betrug über 2000 Dollar pro Person – und das in der Währung von 1912.
Jeder Abend im Everleigh Club war etwas Besonderes, aber die sogenannte *Butterfly Night* (Nacht der Schmetterlinge) war die Erfüllung schlechthin. Niemand wußte vorher, wann wieder eine Butterfly Night stattfinden würde, aber wer das Glück hatte, dann gerade anwesend zu sein, sollte sie nie mehr vergessen. Beide Schwestern waren in jungen Jahren von den präraffaelitischen Dichtern beeinflußt worden, und speziell Minna hatte ein großes Faible für Romantik. Wenn sie in der Laune dazu war, ließ sie ganze Schwärme von Schmetterlingen durch die öffentlichen Räume des Clubs schwirren. Wie von Zauberhand freigelassen tauchten sie mit farbenprächtigem Flügelwirbeln auf und flatterten durch ein Wunderland von viktorianischem Kitsch. Die zarten Geschöpfe segelten über Minnas goldplatierten 15.000-Dollar-Flügel, über Polstermöbel

und Draperien aus golddurchwirktem Stoff, über die Marmorstatuen »griechischer Göttinnen«, bevor sie in die oberen Gemächer hinaufschwirrten – wie es sich für einen echten Freudenhaus-Schmetterling gehört.
Minnas Schmetterlingsnächte waren Inspiration für viele romantische kleine Dinners im Club, die einer Gastgeberin fürs eigene Heim als Anregung dienen können.
Schaffen Sie eine besondere Atmosphäre, indem Sie den Tisch mit Schmetterlingsmotiven schmücken und Ihre Gäste mit Geschichten von den Everleigh Sisters in Ihren Bann ziehen. Eine Butterfly Night war immer äußerst festlich und phantastisch. Und, was das Wichtigste ist, ein Riesenspaß! Ganz entscheidend war der Überraschungseffekt, und die Menüs regten sowohl den Geist als auch den Gaumen an. Machen Sie Ihr persönliches Schmetterlingsdinner durch ein Menü wie das folgende zu einem unvergeßlichen Erlebnis:

Freudenhaus-Cocktails
Hors d'œuvre Everleigh
Hummercremesuppe Aida
Minnas Poulardenbraten mit Wildreis und Pekannuß-Füllung
Palmherzen-Salat
Ingwer-Bombe

Der Cocktail

Obwohl das Geheimnis der Destillation auch schon den alten Ägyptern bekannt war, ist der Cocktail doch eine durch und durch amerikanische Erfindung und war ursprünglich als Appetitanreger gedacht. Über das Appetit-Anregen wußten die Everleigh Sisters mehr als die meisten anderen Menschen, und sie setzten diese Erfahrung in jedem Bereich des Clubs ein.

Minnas Glücksbringer-Cocktail

2 cl Zitronensaft
4 cl trockener Gin
1 TL Grenadine

Alle Zutaten mit gestoßenem Eis in einem Shaker kräftig schütteln und in ein Cocktailglas abseihen.
(Ergibt 1 Cocktail)

Kalter Tropenpunsch »South Dearborn Street«

(Zum Auftauen für die Gäste)

750 ml brauner Rum
450 ml Brandy
1/8 l Pfirsichlikör
400 ml Zitronensaft
200 g Zucker
900 ml kaltes Wasser
Etwa 1 kg Eiswürfel

Alle Zutaten in ein großes Bowlegefäß geben, vermischen und mindestens zwei Stunden ziehen lassen. Vor dem Servieren nochmals umrühren. Mit mehr Eis wird der Punsch leichter.
(Ergibt etwa 2,5 Liter)

Hors d'œuvre Everleigh

Als »ein Vergnügen für die Augen wie für den Gaumen« wurden die berühmten »Appetizer Bouquets« des Everleigh Clubs bezeichnet. Neulinge wurden allein durch die phantasievollen Namen angeregt, und kein Gast hat es jemals gewagt zu fragen, woraus die »Bouquets« tatsächlich bestanden. Sie aber werden gleich wissen, worum so viel Wirbel gemacht wurde und warum die folgenden Rosenbutter-Köstlichkeiten ausschließlich mit Champagner serviert wurden. Sie sind einfach zu delikat, um mit irgendeinem anderen Getränk serviert zu werden.

Rosenbutter-Kanapees

150 g Butter
Blütenblätter von 6 intensiv duftenden, unbehandelten Rosen
8 Toastbrotscheiben
unbehandelte Rosenblätter zum Garnieren

Die Butter in kleine Stücke schneiden und in ein Gefäß geben, das fest verschlossen werden kann. Die Rosenblätter darauflegen. Das Gefäß verschließen, und das Ganze einige Stunden durchziehen lassen, bis die Rosenblätter welk sind. Dann die Rosenblätter entfernen.
Die Butter cremig rühren und auf die Brotscheiben streichen. Jeweils zwei gebutterte Scheiben aufeinanderlegen. In Streifen, Vierecke, Kreise oder Dreiecke schneiden. Auf einer Platte anrichten und zusätzlich mit Rosenblättern bestreuen.

Für einen etwas »männlicheren« Kanapee-Belag sollten Sie das folgende Rezept versuchen:

Roquefort-Aufstrich »Prinz Heinrich«

125 g Roquefort
50 g weiche Butter
50 g Frischkäse
2 EL Cognac
1/2 TL scharfer Senf

Roquefort, Butter und Frischkäse cremig rühren. Mit Cognac und Senf abschmecken und in ein fest verschließbares Gefäß umfüllen. Für einige Stunden in den Kühlschrank stellen.
Ein würzig-schmackhafter Belag für Toaststreifen oder eine pikante Füllung für Blätterteigpastetchen.
Tip: Hält sich gut gekühlt etwa eine Woche.

Minnas gefüllte Poularde

1 Poularde (ca. 1,6 kg)
Salz und Pfeffer nach Belieben
200 g Wildreis, gekocht
150 g Pekannüsse, gehackt
1 große Zwiebel, in kleine Würfel geschnitten
1 Apfel, in kleine Würfel geschnitten
1 Ei
2–3 EL frisch gehackte Petersilie

Den Backofen auf 220° C vorheizen.
Die Poularde innen und außen unter fließendem Wasser waschen und trockentupfen. Mit Salz und Pfeffer würzen.
Die angegebenen Zutaten in einer großen Schüssel vermischen.
Die Füllung locker in die Poularde füllen, und die Öffnung mit Küchengarn zunähen. Mit der Brust nach unten in einen Bräter legen

und im heißen Backofen 15 Minuten braten. Dann die Hitze auf 175° C reduzieren und in weiteren 50 – 55 Minuten fertiggaren. Das Küchengarn entfernen und die Poularde tranchieren.
(Ergibt 6–8 Portionen)

Palmherzen-Salat

1 große Dose Palmherzen (ca. 850 ml)
4 EL Olivenöl, extra vergine
2 EL Zitronensaft
frisch gemahlener schwarzer Pfeffer
1 EL frisch gehackte Estragonblätter
2–3 milde Pepperonis, in dünne Ringe geschnitten

Die Palmherzen der Länge nach halbieren und auf einer tiefen Platte anrichen. Olivenöl und Zitronensaft gleichmäßig darüberträufeln, Pfeffer und Estragon darüberstreuen. Zugedeckt einige Stunden im Kühlschrank marinieren, dabei mehrmals umrühren. Auf einem Bett knackiger Salatblätter mit Pepperoniringen garniert servieren.
(Ergibt 6 Portionen)

Die Biographien von Minna und Aida Everleigh sind nur schwer nachzuvollziehen, da das geheimnisvolle Schwesternpaar sich gleichsam selbst erfand. Ihre Existenz gründete auf Phantasie, Fiktion und äußerst blumigen Lügen. So bleiben ihre Jugendjahre und die Zeit, nachdem sie sich zur Ruhe gesetzt hatten, hinter einem dichtgewebten Netz von Unwahrheiten verborgen. Aller Welt bis heute in Erinnerung geblieben ist

dagegen ihre Zeit in Chicago, ihre elf Jahre lange Regentschaft als »Königinnen des horizontalen Gewerbes«.
Unvollständigen Berichten zufolge heirateten die beiden, als Minna 18 und Aida 21 war, zwei Brüder mit Familiennamen Lester, deren Ungehobeltheit vielleicht der Grund dafür war, daß sie später die Ausbeutung von Männern zu ihrem Lebensinhalt machten. Die Gebrüder Lester mißhandelten die Schwestern offenbar in einem solchen Maße, daß die beiden nach knapp einem Jahr dieser unseligen Verbindung auf und davon liefen und zum Theater gingen. Die Wanderbühne, der sie sich anschlossen, zeigte haarsträubende Melodramen, die allesamt Flops wurden. Die Schwestern sahen sich gerade nach einer Alternative um, als ihnen der Zufall zur Hilfe kam. Ihr Vater starb und hinterließ ihnen 35.000 Dollar, zu dieser Zeit ein stattliches Vermögen. Als die Wanderbühne in Omaha Station machte, erhielten sie ihr Geld und begannen, sich dort sofort nach Investitionsmöglichkeiten umzusehen. Da das große Geld offenbar mit Salonhäusern zu machen war, kauften sie ein heruntergekommenes Bordell in der Nähe von Omahas »Trans-Mississippi-Exhibition«, einer Ausstellung, die Massen von Menschen anzog. Minna, der Kopf des Duos, frischte das Haus mit Farbe und Tapete auf und begann damit, den Kunden exzellentes Essen und Weine aus dem Ausland anzubieten.
In der Stadt Omaha wurden schon immer hauptsächlich Fleisch und Kartoffeln verzehrt, und ein Schmorbraten namens »Yankee pot roast« war der Renner schlechthin. So vornehme Namen wie »Bœuf à la Mode«, »Étouffée of Beef«, »Daube Provençale« und »Bordelaise of Beef« erhöhten den Reiz dieses Gerichtes noch. Seine Vorzüge überzeugen noch heute: Preiswerte Stücke wie der Kamm, das Mittelstück vom Hinterbein oder das Schwanzstück vom Rind eignen sich am besten dafür. Auch den Trick, um den Braten edler erscheinen zu lassen, kann man noch heute anwenden: Lassen Sie Ihren Metzger das Fleisch rollen und binden. Sie bekommen dadurch einen schöneren Braten und kompaktere Fleischscheiben. Noch ein weiterer Vorteil: Ganz generell sind Schmorbraten besser, wenn sie an einem Tag zubereitet und am nächsten aufgewärmt werden. Ein Plus in der heutigen Zeit ist sicher auch noch, daß mit dieser Zubereitungsmethode überschüssiges Fett von der Sauce entfernt werden kann.

Beschwipster Rinderschmorbraten

1 TL gerebelter Thymian
1 TL gerebelter Rosmarin
1 TL Salz
1 1/2 TL grob geschroteter Pfeffer
1 Rinderrollbraten (aus Kamm, Mittel- oder Schwanzstück, etwa 2–2,5 kg)
2 etwas dickere Scheiben Frühstücksspeck, in Würfel geschnitten
100 ml Brandy
2 Knoblauchzehen, geschält und fein zerdrückt
1 Lorbeerblatt
1/2 l trockener Rotwein
400 ml Rinderbrühe
8 bis 10 geschälte und halbierte Möhren
8 bis 10 geschälte und halbierte kleine Kartoffeln
1 Dose Artischockenherzen (ca. 240 ml)
250 g Champignons, geputzt und halbiert
1 Bund Petersilie, gehackt

Thymian, Rosmarin, Pfeffer und Salz in einer kleinen Schüssel verrühren. Den Braten damit einreiben und beiseite stellen.
Speckwürfel in einem flachen Bratentopf ausbraten und wieder herausnehmen. Jetzt den Braten in den Topf geben und von allen Seiten anbräunen. Den Topf vom Herd nehmen. Den Brandy über den Braten gießen und anzünden. Wenn die Flamme verloschen ist, Knoblauch, Lorbeerblatt, Rotwein und Rinderbrühe zugeben. Das Ganze zum Kochen bringen, die Hitze dann wieder reduzieren, und den Braten zugedeckt 1 1/2 Stunden schmoren lassen.
Möhren und Kartoffeln dazugeben, gründlich vermischen und 45 Minuten weiterschmoren lassen. Abkühlen lassen.
Fleisch und Gemüse aus dem Topf nehmen und einige Stunden oder über Nacht kühlstellen. Den Bratenfond entfetten.
Am nächsten Tag den Braten im Bratenfond langsam erhitzen. Sobald das Fleisch vollständig erwärmt ist, Möhren, Kartoffeln, Artischockenherzen und Pilze hinzufügen.

Zugedeckt bei schwacher Hitze alles zusammen etwa 15 Minuten erwärmen, aber nicht mehr kochen lassen.
Den Braten auf eine Platte legen, das Gemüse rundherum drapieren und mit gehackter Petersilie bestreuen.
(Ergibt 8–10 Portionen)

Kartoffelpfannkuchen

500 g junge, festkochende Kartoffeln
1 große Zwiebel
3 Eier
2 EL Mehl
1 TL Salz
1/2 TL weißer Pfeffer
Öl zum Braten

Die Kartoffeln und die Zwiebel schälen und fein raspeln. In eine große Schüssel geben und die Eier nacheinander hinzufügen. Mehl, Salz und Pfeffer unterrühren. Das Öl in einer beschichteten Pfanne sehr heiß werden lassen.
Ein Achtel der Kartoffelmischung in das heiße Fett geben und gleichmäßig verteilen. Zu einem sehr dünnen Pfannkuchen verstreichen.
Eine Seite goldbraun backen, wenden und die andere Seite ebenfalls goldbraun backen. Den Pfannkuchen warm stellen. Aus dem restlichen Kartoffelteig nacheinander weitere sieben Pfannkuchen backen und anschließend heiß servieren.
(Ergibt 8 Portionen)
Tip: Köstlich mit Apfelmus, das man zusätzlich mit Meerrettich verfeinern kann!

Das zusätzliche Angebot von Speisen und Weinen im Salonhaus der Schwestern ließ einiges für die Zukunft erhoffen. Den Männern gefiel es jedenfalls außerordentlich gut – und in knapp zwei Jahren hatten die jungen Damen ihr Vermögen verdoppelt.
Die Sache lief phantastisch! Das Gewerbe war offensichtlich wie geschaffen für sie. Und es bot ihnen die Chance, so berühmt zu werden, wie sie es sich immer erhofft hatten. Jetzt waren auch die Mittel vorhanden, einen geeigneten Rahmen dafür zu schaffen. Das taten die Schwestern in Chicago, dem Nabel der Nation – Boomtown USA –, dem Handelszentrum der Rinderbarone, der Silber- und Kupferminenkönige, dem Tummelplatz berühmter Sportler und Dandys aller Couleur. Sogar Al Capone hielt sich hier auf! Minna und Aida wollten es mit dieser Stadt aufnehmen. Bis dato hatte die Menschheit nichts dem Everleigh Club Vergleichbares gesehen, so daß die Kunde von diesem unglaublichen Haus um die ganze Welt lief. Dafür genügte die wirkungsvollste Werbemethode überhaupt: die Mundpropaganda. Welcher Mann wollte nicht von seinen Abenteuern auf Betten schwärmen, von deren Baldachin exotisches Parfum über ihn und seine Gespielin gesprüht wurde. Oder von denen auf weich gepolsterten persischen Teppichen, die leidenschaftliches Liebesglück auf dem Fußboden in eine Stunde in einem prunkvollen orientalischen Palast verwandelten.
Solche Abenteuer inspirierten natürlich zu Rezepten, die ihren Weg bis in die vornehme Perry Street und all die stolzen Häuser finden sollten, in denen Chicagos Oberschicht wohnte – die Marshall Fields, die Armours und die Kelloggs.

Hirsch, Reh und anderes Wild waren äußerst beliebt und wurden als Delikatesse geschätzt. Die »Keule«, die in den alten Kochbüchern erwähnt wird, war allerdings eine eher zähe Angelegenheit. Das heute erhältliche Reh- und Hirschfleisch ist dagegen zarter und hat weit weniger Hautgout. (In einem Kochbuch von damals beginnt das Kapitel über Reh- und Hirschfleisch übrigens folgendermaßen: »Waschen Sie die Keule, und hüllen Sie sie in ein trockenes Tuch; legen Sie das Fleisch dann in eine Blechpfanne, und übergießen Sie es mit einer halben Pinte Rotwein; reiben Sie es dann mit Cayennepfeffer, Salz, Muskatblüte und Muskatnuß ein. Lassen Sie es über Nacht marinieren.«) Aus einleuchtendem Grund wurden Reh und Hirsch früher nie ohne Sauce serviert. Auch bei dem folgenden Rezept entsteht beim Braten eine köstliche Sauce:

Hirsch- oder Rehfilets »Mackinac Island«

350 ml trockener Rotwein
4 EL Olivenöl, extra vergine
4 EL Preiselbeerkompott
1 TL grob gemahlener Pfeffer
4 Reh- oder Hirschfilets (à 130 g)
2 EL Butter

Wein, 2 EL Olivenöl, die Preiselbeeren und den Pfeffer in einem flachen Bräter aus Glas vermischen und die Filets hineinlegen. Zugedeckt in den Kühlschrank stellen und 24 Stunden marinieren, dabei mehrmals wenden.
Die Butter und das restliche Olivenöl in einer großen Pfanne bei mittlerer Hitze erwärmen. Die Filets aus der Marinade nehmen und im heißen Fett pro Seite etwa 2 Minuten braten. Herausnehmen und auf eine vorgewärmte Servierplatte legen. Die Marinade in die Pfanne geben und bei starker Hitze sämig einkochen lassen.
Die Filets mit der Sauce übergießen und sofort servieren.
(Ergibt 4 Portionen)

Die sogenannte *chafing dish*, eine Art Wärmepfanne, erreichte zu dieser Zeit in Chicago und ganz Amerika den Höhepunkt ihrer Beliebtheit. Das Interesse am Essen richtete sich jetzt nicht mehr vorwiegend auf die Küche und die Verpflegung der Familie, sondern hatte sich auf verschwenderisches Dinieren und das Kochen für Gäste verlagert. Für die Damen war die Wärmepfanne nicht nur nützlich, weil sie mondän aussah, sondern auch weil sie die Vorspeisen über eine entsprechend lange Zeit warm hielt.
Das Gericht Crab Newburg (oder Newbourgh) verlangte damals nach frischem Krabbenfleisch und einer weißen Sauce aus Sherry, Butter, Sahne und Eigelb. Die folgende Version ist leichter und auch weniger kostspielig, da wir statt frischem Krabbenfleisch Surimi verwenden. Surimi ist eine schmackhafte Mischung aus Hecht- und

anderem Fischfleisch, das fein vermahlen und in krabbenähnliche Form gepreßt wird. Mit einer Sauce gereicht kann Surimi gut und gerne als Krabbenfleisch durchgehen und eignet sich gut für Partys. Mit seinem delikaten und aromatischen Geschmack läßt einen das Gericht noch heute sehnsüchtig an den Luxus im Hause der Schwestern Everleigh denken.

Falsche Krabben »Newburg«

(Rezept für die Mikrowelle)

1 TL Butter
350 ml Magermilch
125 g Magerquark
1/2 TL weißer Pfeffer
1 EL Fino-Sherry (trocken)
450 g Surimi, in kleine Stücke zerpflückt
Paprikapulver zum Bestreuen

Butter mit Magermilch und Magerquark verrühren und mit Pfeffer und Sherry würzig abschmecken. In eine Glasform geben, mit einem Glasdeckel verschließen und auf mittlerer Stufe für etwa 2 Minuten in die Mikrowelle geben. Anschließend cremig rühren und das zerkleinerte Surimi unterheben.
Wieder zudecken und auf mittlerer Stufe etwa 30 Sekunden erwärmen.
Auf Toast oder mit Reis servieren und mit etwas Paprika bestäuben.
(Ergibt 4 Portionen)

Charlotte Russe

Charlotte Russe war das Renommierstück unter den Desserts der amerikanischen Gastgeberin im späten 19. Jahrhundert. Angeblich wurde dieses Dessert von einem französischen Konditor namens Careme erfunden, und es ähnelt in der Form wohl einem französischen Hutmodell, das zu seiner Zeit in Mode war. Woher auch immer der Name letztendlich kommen mag, das Dessert ist allseits beliebt, obwohl es sehr kalorienreich ist.

18 Löffelbiskuits
1/8 l weißer Rum oder Kirschlikör
950 g gekochter Vanillepudding
1/4 TL Mandelaroma
250 g Crème double
60 g Puderzucker
1 TL Vanillezucker
250 g Schwarzkirsch-Konfitüre

Die Löffelbiskuits mit Rum oder Kirschlikör beträufeln und die Wände einer ungefähr 2 Liter fassenden Glasschüssel mit den Biskuits auskleiden, dabei darauf achten, daß die flachere Seite der Biskuits nach außen zeigt. Das Mandelaroma unter den Vanillepudding rühren, und den Pudding vorsichtig in die Schüssel füllen. Zugedeckt für etwa 2 bis 3 Stunden in den Kühlschrank stellen.
Die Crème double mit dem Puderzucker und dem Vanillezucker verrühren. Mit einer Spritztülle am Rand des Desserts einen Sahnekranz spritzen. Die Schwarzkirsch-Konfitüre in der Mitte gleichmäßig verteilen. Zugedeckt mindestens 1 Stunde in den Kühlschrank stellen.
(Ergibt 8–10 Portionen)

Beide Schwestern waren Feinschmeckerinnen und der Meinung, daß Essen und Sex eng zusammengehören und das Leben erst lebenswert machen. Da Minna alles Geheimnis- und Phantasievolle überaus liebte, schaute sie dem Küchenchef beim Kreieren von Speisen oft über die Schulter.

All diese Speisen könnten als Anregung für Ihre nächste gesellige kleine Soiree im Freundeskreis dienen. Zum Beispiel fanden sich auf dem Büffet der Everleighs alle möglichen Arten von Wild. Da man Wildgeflügel heutzutage das ganze Jahr und oft sogar im Supermarkt bekommen kann, sollten Sie einmal einen Fasan probieren – eines von Minnas Lieblingsgerichten. Das nun folgende Rezept kreierte Minna aus Wildfasanen, die ihr ein großzügiger Jäger unter ihren Gästen besorgte. (Aber es läßt sich auch sehr gut mit Hähnchenbrust zubereiten.)

Gewöhnlich wurde dazu Wildreis gereicht. Variieren Sie diesen abwechslungshalber einmal mit etwas Gin und frischem Dill.

Die meisten Küchenhistoriker werden mir zustimmen, daß dieses Rezept schon allein wegen seines Namens so populär war. Auf jeden Fall war es damals in Amerika ganz groß in Mode, obwohl manchmal behauptet wird, daß es eigentlich auf ein altes englisches Gericht zurückgeht. Nach Art der Everleighs zubereitet wurde es vor allem als Mitternachtssnack serviert.

Fasan »Supreme Everleigh«

6 Fasan- oder Hühnerbrustfilets
1 TL Salz
1/2 TL weißer Pfeffer
1 EL Butter
1 EL Olivenöl
2 Schalotten, in kleine Würfel geschnitten
1/8 l trockener Weißwein
1/4 l saure Sahne
1 EL Meerrettich aus dem Glas
2 – 3 EL gehackte Petersilie

Die Filets waschen, trockentupfen, salzen und pfeffern.
Butter und Olivenöl in einer großen Pfanne erhitzen, und die Filets bei mittlerer Hitze etwa 5 Minuten pro Seite anbraten. Sie sollten leicht gebräunt sein. Dann nebeneinander in eine flache, feuerfeste Form legen, den Bratensatz aus der Pfanne, die Schalottenwürfel und den Weißwein darübergeben.
Auf der mittleren Schiene des Backofens bei 175° C 15 bis 20 Minuten garen. Herausnehmen und auf eine vorgewärmte Platte legen.
Saure Sahne und Meerrettich in den Bratenfond geben und bei geringer Hitze (damit die saure Sahne nicht gerinnt) unter ständigem Rühren erwärmen. Die Filets mit der Sauce übergießen und mit Petersilie bestreuen.
(Ergibt 6 Portionen)

Spargel auf der Lauer

6 Baguettebrötchen
1,2 kg grüner Spargel, geputzt und etwas kürzer als die Brötchen zurechtgeschnitten
1 große rote Paprikaschote
1 TL frisch gehackter Dill
1 TL Weißweinessig
1 Prise Salz
1 Prise Zucker
1/2 TL Dijonsenf
1/8 l saure Sahne

Die Brötchen aufschneiden und das weiche Innere entfernen.
Den Spargel etwa 15 Minuten bißfest kochen. Die Paprikaschote halbieren, entkernen und in 6 breite Streifen schneiden.

Dill mit Essig, Salz, Zucker, Senf und saurer Sahne verrühren.
Die Brothälften leicht toasten und warm halten.
Kurz vor dem Servieren die Spargelstangen und Paprikastücke der Länge nach in die Höhlung der Brötchenunterteile geben und Dillsauce darüberträufeln. Die Brötchendeckel darauflegen und restliche Sauce darüber verteilen. Sofort servieren.
(Ergibt 6 Portionen)

Die legendäre Küche des Everleigh Clubs servierte jedem Gast und dem Mädchen, das er sich für den Abend auserkoren hatte, ein spätes Supper. Gewählt wurde aus einer erlesenen Speisekarte, auf der sich die folgenden Speisen fanden: frischer Kaviar, Austern, Hummer, Fasan, Rinderkareebraten, Kapaun, Täubchen, Perlhuhn, Ente, Vorderrippe vom Lamm, Welsh Rarebit [mit Käsemasse überzogene Weißbrotstücke]; dazu eine Auswahl von frischem Gemüse, Salaten und Desserts. Zu ganz besonderen Anlässen gab es sogar gefüllten Schwan, der hauptsächlich deshalb angeboten wurde, weil es so exotisch wirkte. »Sehr beeindruckend, aber eine Spur zu zäh«, war Minnas Urteil. Dieses bescheidene Supper kostete pro Person 50 Dollar und mehr, und nur ein Rüpel hätte es sich nehmen lassen, auch für seine Gespielin die Zeche zu bezahlen.

Der Februar ist ja an vielen Orten dieser Welt ein ziemlich trostloser Monat: Wie wäre es also, wenn Sie zur Aufheiterung einfach ein paar Freunde zusammentrommeln, um den Jahrestag der Eröffnung des Everleigh Clubs (am 1. Februar 1900) zu feiern – und zwar mit einem Dinner ganz nach Rezepten des grandiosen Küchenchefs des Clubs.

Um die Jahrhundertwende bekam man in Amerika häufig sogenannte »Fools« serviert. Dabei handelt es sich um gekochtes Fruchtpüree, das mit Sahne gereicht wird. Das folgende Rezept benutzt dafür eine Obstart, die damals »spring fruit« [Frühjahrsfrucht] oder »pie plant« [Kuchenpflanze] genannt wurde: Gemeint ist der Rhabarber, der damals im ganzen Mittelwesten sowohl wild wuchs als auch angebaut wurde. Aus Rhabarber wurde der erste Fool des Jahres zubereitet, und von da an ging es mit den Fools aus Beeren und anderem Obst durch alle Jahreszeiten. Das folgende Rezept mögen wir besonders wegen seiner blaßrosa Farbe und dem Geschmackskontrast zwischen dem süßsauren Fruchtmus und der kühlen, cremigen Schlagsahne.

Rhabarbercreme »Rhubarb Fool«

1 kg Rhabarber
150 g Honig
4 EL Wasser
1/4 l Sahne
Kandierte Veilchen zum Garnieren

Rhabarber schälen und in kleine Stücke schneiden. Mit Honig und Wasser in einen Topf geben und zugedeckt bei mittlerer Hitze etwa 10–12 Minuten erwärmen. Von der Kochplatte nehmen und zugedeckt bei Zimmertemperatur abkühlen lassen. Im Mixer fein pürieren und im Kühlschrank erkalten lassen. Die Sahne sehr steif schlagen und unter das Rhabarbermus heben.
In Sorbetgläser füllen und bis zum Servieren nochmals kalt stellen. Mit kandierten Veilchen garnieren.
(Ergibt 4–6 Portionen)
Tip: Man kann das Rhabarbermus auch abwechselnd mit der steif geschlagenen Sahne in schlanke, hohe Gläser füllen.

Ein Reporter der *Chicago Tribune*, der die Freuden im ersten Stock genauso gerne wie die im Parterre des Clubs genoß, erklärte einmal, daß »die Everleighs für das Entertainment eine ähnliche Bedeutung haben wie Christus für die Christenheit«. Ein zwar verständliches Lob, das aber sicher nicht von großem Taktgefühl zeugt. Eines von Minnas ungeschriebenen Gesetzen war, daß kein Journalist jemals auch nur einen Cent für irgend etwas bezahlen mußte – ob das nun Speisen, Getränke oder Mädchen waren. Infolgedessen wurde der Club in Zeitungsartikeln äußerst zurückhaltend, wenn nicht sogar mit Samthandschuhen angefaßt. Der Nachtredakteur der *Chicago Tribune* hatte außerdem immer die Telefonnummer des Clubs, Calumet 412, bei der Hand, für den Fall, daß er kurzfristig einen Redakteur für eine Story in letzter Minute brauchte. (Als einmal der Nachtdienst der *Tribune* benachrichtigt wurde, daß angeblich im Everleigh Club ein Feuer ausgebrochen sei und der Redakteur nach Journalisten Ausschau hielt, fand er seine drei besten Männer bereits dort – und zwar schwer beschäftigt in den oberen Stockwerken.)

Die Schwestern selbst stellten niemals ihre Liebesdienste zur Verfügung. Ihre privaten Gemächer blieben den Gästen strikt verschlossen. Die einzigen Gäste, die jemals dort zugelassen wurden, waren Beamte der Stadt Chicago, mit denen sie eine herzliche Freundschaft – gefördert durch großzügige finanzielle Zuwendungen – pflegten.

Beide Schwestern machten jeden Abend die Runde durch alle Salons, und Minna stand dabei immer im Mittelpunkt. Sie war eine auffällige Rothaarige mit blauen Augen und schmalen, feinen Zügen. Sie trug seidene Abendkleider, schwere Diamanthalsbänder, Armbänder und Ringe in Hülle und Fülle, ein ornamentverziertes Mieder, »Stomacher« genannt, das von Rubinen und Smaragden nur so funkelte. Edgar Lee Masters, Autor der *Spoon River Anthology* und Stammgast im Club, schrieb allerdings uncharmanterweise: »Ihr Gang war wie der einer Raupe, so wie sie sich beugte und wieder streckte, stehenblieb und wieder weiterging.«

Angeblich war Minnas Ornamentmieder für den Raupengang verantwortlich. Inspiration genug für den Namen des folgenden Partydesserts:

Erdbeeren im Mieder

Erdbeeren
400 g weiße Schokolade
400 g Zartbitterschokolade
400 ml süße Sahne
Grand Marnier
Cognac

Nehmen Sie dafür die größten und schönsten Erdbeeren, die Sie finden können.
Die Erdbeeren waschen und mit den Blattrosetten und Stielen in kleinen Schalen auf den Tisch stellen!
400 g weiße Schokolade und 400 g Zartbitterschokolade mit jeweils 200 ml Sahne bei schwacher Hitze schmelzen lassen. Die weiße Schokolade mit Grand Marnier, die Zartbitterschokolade mit Cognac verfeinern. Dann in kleinen Schalen auf Stövchen auf den Tisch stellen.
Die Gäste nehmen die Erdbeeren am Stiel und verpassen ihnen je nach Gusto ein weißes oder schwarzes Schokoladenmieder.
Tip: Im Sommer die Früchte vorher 15 Minuten in den Kühlschrank stellen – die Schokolade bleibt dann besser haften!
Genauso können Sie auch Orangenspalten, Pfirsich- und Birnenachtel usw. verwenden. Im Winter eignen sich getrocknete Aprikosen, Birnen, Apfelringe usw.

Raupengang hin oder her, Minna war eine wunderbare Gastgeberin, die immer den Eindruck erweckte, als führte sie einen besonders feierlichen Gesellschaftstanz an. Aida, die ruhiger und bescheidener auftrat, war ebenfalls eine charmante Gastgeberin – anmutig, aufmerksam und warmherzig. Sie war vor allem für die jungen Männer verantwortlich und solche Herren, die zum ersten Mal ein Freudenhaus besuchten, und war sehr geschickt darin, Neulingen dabei zu helfen, sich in der fremden Umgebung wie zu Hause zu fühlen. Hilfreich waren dabei natürlich auch die Gerichte der Everleighs, wie z. B. die folgenden:

Austerntopf

Ja, das Essen in den Vergnügungspalästen konnte durchaus auch die Seele erwärmen – doch selbst einfachere Gerichte wurden stets mit dem entsprechenden Flair serviert.

2 EL Butter
2 Karotten, fein gewürfelt
1 mittelgroße Kartoffel, fein gewürfelt
2 kleine Zwiebeln, feingehackt
2 Stangen Sellerie, feingehackt
225 ml Milch
1 Dutzend Austern, ohne Schale, aber mit Austernwasser
1 Spritzer Tabasco
125 ml Milch
125 ml Sahne

In einem mittelgroßen Topf die Butter schmelzen, das Gemüse dazugeben und unter Rühren weichschmoren. Die Milch zugeben, alles aufkochen lassen. Dann die Austern mit dem Austernwasser hinzufügen und wieder alles zum Kochen bringen. Mit Salz und Tabasco Sauce abschmecken. Milch und Sahne vermischen, hinzugeben und alles unter ständigem Rühren bis kurz vor dem Kochen erhitzen. Sofort servieren. *(Ergibt 2 Portionen)*

Reispudding mit Rum

100 g Sultaninen
100 ml brauner Rum
5 Eier
450 ml Milch
1 TL flüssiges Vanillearoma
1/2 TL Salz
600 g gekochter Milchreis
125 g Zucker
etwas frisch geriebene Muskatnuß

Die Sultaninen in einer kleinen Schüssel mit Rum begießen, für mindestens 1 Stunde einweichen. Den Backofen auf 175° C vorheizen.
In einer anderen Schüssel die Eier mit der Milch verquirlen und Vanillearoma und Salz dazugeben. Reis, Zucker und die Rum-Rosinen-Mischung unterheben.
Die Masse in eine gebutterte Auflaufform füllen und im Backofen auf der mittleren Schiene 30 bis 40 Minuten goldbraun backen. Vor dem Servieren leicht mit Muskatnuß bestäuben.
Schmeckt heiß aber auch lauwarm vorzüglich.
(Ergibt 6 Portionen)

Von 1900 bis 1911 florierte der Club. Diese Zeit war aber zugleich Chicagos berühmt-berüchtigte Gangsterära. Obwohl es keine Zeitungsberichte gibt, die auf einen Zusammenhang zwischen den Banden und dem Everleigh Club hindeuten, verkehrten doch einige von Al Capones Männern ohne Zweifel regelmäßig in dem eleganten Club. Und ebenfalls ohne Zweifel benahmen sich die, die sich dort aufhielten, ausnahmsweise wie in der Sonntagsschule. Die Schwestern ließen schlechte Manieren nicht durchgehen und hielten auch die Mädchen, die im Club wohnten, zu damenhaftem Benehmen in und außerhalb der Schlafzimmer an.
In ihrer Einführungslektion für Anfängerinnen im Club ermahnte Minna die Mädchen eindringlich, höflich und zuvorkommend zu sein und immer daran zu denken, daß ein einziger 50-Dollar-Kunde erstrebenswerter sei als fünf 10-Dollar-Kunden. »Das verbraucht weniger«, pflegte sie zu sagen. »In ein paar Jahren werdet ihr mir für diesen Ratschlag dankbar sein. Eure Jugend und Schönheit ist alles, was ihr

habt. Hütet sie wie euren Augapfel. Bleibt höflich – komme, was da wolle. Wir besorgen euch die Kunden. Ihr müßt sie in einer Art unterhalten, wie sie besser noch nie unterhalten worden sind. Gebt – aber gebt auf eine interessante und geheimnisvolle Weise. Ich möchte, daß ihr Mädchen stolz darauf sein könnt, im Everleigh Club zu arbeiten.« Und stolz waren sie. Dort untergebracht zu sein, galt im Gewerbe als das Allerbeste. Eine eifersüchtige Dame aus dem Leeve-Viertel soll einmal geklagt haben: »Jede Hure in Amerika möchte unbedingt bei den Everleighs arbeiten!«

Die Mädchen erhielten nur die besten Speisen, da die Schwestern der Ansicht waren, daß ordentliches Essen auch zu ordentlichem Arbeiten anhält. Um zwei Uhr mittags wurde ihnen im großen Speisesaal ein üppiges Frühstück vorgesetzt. Als ersten Gang gab es stets kalten Muschelsud mit einem Aspirin, ein probates Hausmittel gegen die Auswirkungen vorangegangener ausschweifender Abende. Darauf folgten dann Delikatessen wie diese:

Fischrogen vom Süßwasserhering
Amerikanischer Weißfisch, auf dem Holzbrett serviert
Gebratene Nieren mit Speckröllchen
Muschelkuchen
Hühnchenbrust
Eier und Toast nach Wahl
Tee oder türkischer Kaffee

Der Sonntagsbrunch, der lange Zeit eine beliebtes geselliges Ereignis war, gilt seit kurzem als überholt und auch ein wenig langweilig. Machen Sie ihn wieder interessant, indem Sie Ihre Freunde einmal zu einem mittäglichen Freudenhaus-Büfett bitten. Sie könnten die obenstehende Auswahl als Anregung für Ihr Menü nehmen. Oder graben Sie eine alte Wärmepfanne aus für verschiedene warme Vorspeisen, gefolgt von so bodenständigen Dingen wie Steaks und Eiern und anderen herzhaften Spezialitäten mit einem exotischen neuen Touch.
Hier ein Menü zur allgemeinen sonntäglichen Aufheiterung, mit Rezepten, die der Gesundheit zuliebe etwas »verschlankt« wurden:

Freudenhaus-Brunch-Buffet

Muschelsud mit einem Aspirin
Hühnchen à la King
*Pilzomelett**
*Rindergeschnetzeltes »Peking«**
Süße Brötchen und Blätterteiggebäck
(Rezept folgt)*

Obwohl der »Brunch« erst in den dreißiger Jahren allgemein ein Begriff wurde, war diesem Wochenend-Mittagsmahl im Club doch stets eine rege Teilnahme sicher. Wo sonst konnte ein Mann schon eine so großartige Katermedizin bekommen, mit ausgezeichnetem Essen im Anschluß. Danach ein kleines Schläfchen und dann ...
Wir haben ein paar der beliebtesten Gerichte von damals ausgesucht – einige waren fast vergessen. Zunächst ein Getränk:

Gin Buck

Die Prohibitionsära läßt grüßen! Der Pep dieses Drinks ist die Zitronenschale.

1/2 unbehandelte Zitrone
3–4 Eiswürfel
4 cl Gin
Ginger Ale zum Aufgießen

Die Zitrone hauchdünn und spiralenförmig abschälen, dann die Fruchthälfte auspressen. In ein Glas zuerst Eiswürfel geben, dann den Gin, den Zitronensaft und die Zitronenschale. Mit Ginger Ale aufgießen.
(Ergibt 1 Drink)

Diesen Katercocktail kann man auch ohne Ginger Ale als Shortdrink servieren, bitte aber maximal zwei Drinks pro Person!

Pilzomelett

6 Eier
5–6 EL Milch
4 Eiweiß
1 Spritzer Tabasco
1 Prise weißer Pfeffer
40 g Butter
2 EL Öl
800 g Champignons oder Egerlinge, geputzt und in Scheiben geschnitten
1 Bund Lauchzwiebeln, in Ringe geschnitten
Salz und Pfeffer

Die Eier mit Milch, Tabasco und Pfeffer verquirlen. Das Eiweiß steif schlagen und unterheben.
Nacheinander jeweils 10 g Butter in einer beschichteten Pfanne zerlassen und ein Viertel der Omelettmischung hineingeben. Goldbraun backen, mit der vorbereiteten Pilzmischung füllen und sofort servieren.

Für die Pilzfüllung das Öl in einer großen beschichteten Pfanne erhitzen und die Champignons und die Lauchzwiebeln darin solange dünsten, bis sie weich sind und die Flüssigkeit verdampft ist. Mit Salz und Pfeffer würzen und in die Omeletts füllen.
(Ergibt 4 Portionen)

Rindergeschnetzeltes »Peking«

250 g weiße Zwiebeln, geschält und in dünne Scheiben geschnitten
250 g Sojabohnensprossen, kurz gewaschen
1 Knoblauchzehe, geschält und fein zerdrückt
1/8 l Reisessig
60 g Zucker
500 g mageres Rindfleisch, in 5 cm lange Streifen geschnitten
5–6 EL Sojasauce
Orangenschale von 2 unbehandelten Orangen, in feine Julienne geschnitten
1 TL frische Ingwerwurzel, fein gerieben
1/2 TL Szechuanpfeffer oder schwarze Pfefferkörner im Mörser zerstoßen

In einer großen Schüssel Zwiebeln, Sprossen, Knoblauch, Essig und Zucker vermischen und mindestens 30 Minuten ziehen lassen, dabei gelegentlich umrühren.
Eine beschichtete Pfanne ohne Fett erhitzen und die Rindfleischstreifen mit einem EL der Marinierflüssigkeit anbraten. Sojasauce, Orangenschale, Ingwer und Pfeffer dazugeben, gründlich verrühren und erhitzen.
Die Zwiebeln und Sojabohnensprossen aus der Marinade nehmen, auf einer Platte anrichten und das Geschnetzelte darauf verteilen. Sofort servieren.
(Ergibt 4 Portionen)

Der Gewinn der Schwestern Everleigh betrug im Monat durchschnittlich 10.000 Dollar in der Währung der damaligen Zeit, bis sich der Club einer unüberwindbaren Maßregelung gegenübersah. Ein neuer, reformorientierter Bürgermeister, Carter Harrison, zierte sich zwar zunächst noch, eine der Haupttouristenattraktionen der Stadt – denn dazu war der Everleigh Club längst geworden – zu schließen. Dann aber zeigte ihm eines Tages einer seiner Adjutanten einen Prospekt des Clubs, in dem seine Vorzüge in den höchsten Tönen gelobt und bis hin zum kleinsten Detail beschrieben wurden. Die Unverblümtheit dieser Werbung war selbst Harrison zuviel: Er trommelte seine Polizeichefs und Ratsherren zusammen und befahl ihnen, den Everleigh Club unverzüglich zu schließen. Am 24. Oktober 1911 wurden Minna und Aida davon in Kenntnis gesetzt, daß nun alles vorbei sein sollte. Emmett Murphy, Autor des Buches *Great Bordellos of the World*, stellt fest, daß der Polizeibeamte, der den Club von Amts wegen schloß, komischerweise Captain John McWeeny (Wienerwürstchen) hieß.

Ihre Einladung im kommenden Oktober können Sie zur Party des Jahrzehnts machen, indem Sie sie im Gedenken an die Schließung des Everleigh Clubs feiern. Machen Sie eine Kostümparty daraus, mit Preisen für die besten Verkleidungen.

Menüvorschläge für ein Everleigh-Gedächtnis-Dinner
(Treffen Sie Ihre Auswahl aus der Speisekarte des Everleigh Clubs)

Slings, Swizzles und Rickies
Tomatencremesuppe
Eivariationen
*Entenfleischauflauf**
*Gedünsteter Schwertfisch**
*Rheinischer Schweinebraten**
Kartoffelpfannkuchen
Kartoffel- und Reisvariationen
*Artischocken mit Koriander**
Spinat Deluxe
Gemischter Fruchtcocktail
Salatvariationen
Obstkuchen
Angel und Devil's Food Cakes
Konfekt und diverse Eiscremes
*Schokoladenkuchen »Brandy Alexander«**

(Rezept folgt)*

Slings, Swizzles und Rickies

Die sexy Drinks der Everleigh-Ära sorgen für angeregte Unterhaltung – wenn auch nur durch ihre originellen Namen: *Slings* sind altmodisch süße Cocktails aus Puderzucker, Zitronensaft und einem alkoholischen Getränk (Brandy, Gin, Wodka oder Whisky). Fügen Sie nur noch eine Zitronenscheibe hinzu, und servieren Sie die Slings on the rocks.

Swizzles stammen ursprünglich von den karibischen Inseln, wo ein am Ende verästelter Zweig als Rührstäbchen (swizzle stick) verwendet wurde. Eine Grundmischung aus Lime juice, Bitter, Zucker und Alkohol (Brandy, Gin, Rum, Whisky) wird in ein großes Glas mit zerstoßenem Eis gegeben.

Rickies, die zwischen einem *Collins* und einem *Sour* liegen, enthalten stets Lime juice, gestoßenes Eis und ein kohlensäurehaltiges Getränk, um den Drink zu verlängern. Gin, Rum, Wodka oder Whisky wurden zur Herstellung von Rickeys verwendet. Berühmt war damals ein Drink namens *Fog Horn* (Nebelhorn). Es handelte sich um einen Rickey mit trockenem Gin. Es ist anzunehmen, daß er aus der Küstengegend stammte.

Entenfleischauflauf

Angeblich wurde dieses wunderbare Gericht ursprünglich aus Entenfleischresten gemacht. Doch ein Gast aus bestem Hause mochte es so gerne, daß er anfing, auf Entenjagd zu gehen, um den Everleigh Club stets mit der Basiszutat seines Leibgerichtes versorgen zu können. Eine beliebte Vorspeise für alle, die es deftig lieben.

700 g gekochtes Entenfleisch (in Würfel von etwa 2 1/2 cm Seitenlänge geschnitten)
1/8 l trockener Rotwein
120 g Johannisbeergelee
3 EL Butter
500 g Weißkohl, grob geraspelt

500 g Kartoffeln, geschält und grob geraspelt
250 g Zwiebeln, geschält und in Würfel geschnitten
2 TL Salz
1 TL grob gemahlener schwarzer Pfeffer
250 g Semmelbrösel
1 TL frisch gehacktes Koriandergrün

In einer großen Schüssel Entenfleisch, Rotwein und Johannisbeergelee gut vermischen und beiseite stellen. 1 EL Butter in einer großen Pfanne zerlassen, den Weißkohl hineingeben und bei mittlerer Hitze 5 bis 8 Minuten unter Rühren glasig dünsten. Dann zur Fleischmischung geben und durchrühren.
In der gleichen Pfanne die restlichen 2 EL Butter zerlassen und Kartoffeln und Zwiebeln bei mittlerer Hitze etwa 10 bis 12 Minuten anbraten. Sie sollten weich und leicht gebräunt sein.
Ebenfalls zur Fleischmischung geben und alles mit Salz und Pfeffer würzen. Diese in einen gußeisernen Bräter umfüllen und gut festdrücken. Semmelbrösel und Koriander vermischen und den Auflauf damit bestreuen.
Auf der mittleren Schiene des Backofens bei 200° C etwa 20 Minuten lang garen. Zum Schluß 2 bis 3 Minuten unter dem Grill gratinieren. Sofort servieren.
(Ergibt 6–8 Portionen)

Gedünsteter Schwertfisch

1 l dunkles Bier
1 Möhre, in Scheiben geschnitten
1 Zwiebel, geschält und in Ringe geschnitten
1 Stange Lauch, geputzt und in Scheiben geschnitten

1 Bund Petersilie, gehackt
8 Pfefferkörner
5 ganze Nelken
1 Lorbeerblatt
8 Schwertfischsteaks (à 170 g)

In einer großen Pfanne alle Zutaten bis auf den Fisch zum Kochen bringen. Dann die Hitze reduzieren und zugedeckt 15 bis 20 Minuten köcheln lassen.
Die Fischsteaks nebeneinander in die Pfanne legen. Die Flüssigkeit muß den Fisch vollständig bedecken. Zugedeckt weitere 15 Minuten bei schwacher Hitze schmoren lassen. Der Fisch muß sich mit einer Gabel leicht zerteilen lassen.
Die Steaks herausnehmen, abtropfen lassen und sofort servieren.
(Ergibt 8 Portionen)

Rheinischer Schweinebraten

2–2,5 kg Schweinefleisch, am besten Brustspitz ohne Knochen
1 TL Salz
1 TL zerstoßener schwarzer Pfeffer
1/4 l trockener Riesling
250 g entsteinte Dörrpflaumen
1 TL Butter
250 g Zwiebeln, geschält und in Würfel geschnitten
1 Knoblauchzehe, gehackt
6 Scheiben Roggenbrot mit Kümmel oder einfaches Roggenbrot und 1 TL Kümmelsamen

In den Brustspitz am besten gleich vom Metzger eine Tasche schneiden lassen. Dann das Fleisch innen und außen mit Salz und Pfeffer würzen.
Den Wein zum Kochen bringen, die Dörrpflaumen damit übergießen und etwa 30 Minuten einweichen lassen.
Butter in einer Pfanne zerlassen und Zwiebeln und Knoblauch glasig dünsten. Das Brot in Würfel schneiden und hinzufügen. Die Dörrpflaumen aus der Weinmarinade nehmen und kleinschneiden.
Die restliche Weinmarinade sowie die Dörrpflaumen zur Brotmischung geben und die Mischung etwas abkühlen lassen. Anschließend in die Fleischtasche füllen und die Öffnung zunähen.
In eine Bratreine legen und bei 175° C 1 bis 1 1/2 Stunden lang braten. Nicht zu lange im Ofen lassen, damit das Fleisch saftig bleibt! Den Braten herausnehmen und vor dem Aufschneiden noch etwa 10 Minuten ruhen lassen. Vorzugsweise mit einem Elektromesser in Scheiben schneiden und sofort servieren.
(Ergibt 6–8 Portionen)

Artischocken mit Koriander

Exotische Gewürze, und dazu zählte der Koriander damals, waren für einen Gaumen aus dem braven Mittelwesten fast etwas Unanständiges, und die Everleigh-Schwestern setzten sie deswegen sparsam, aber gekonnt ein. Hier ein Beispiel dafür:

8 große Artischocken
8 Koriandersamen
2 unbehandelte Zitronen, in Scheiben geschnitten

Von den Artischocken den Stiel herausdrehen und die harten Blattspitzen sowie das Heu im Inneren entfernen. Reichlich Salzwasser zum Kochen bringen, Koriandersamen und Zitronenscheiben dazugeben und die Artischocken darin zugedeckt etwa 40 Minuten weichkochen. Umgekehrt abtropfen lassen. Entweder warm oder gut gekühlt mit würzigen Dips servieren.
(Ergibt 8 Portionen)

Beilagen mußten auf dem Büfett nicht nur gut aussehen, sondern auch für eine relativ lange Zeit schmackhaft bleiben, nämlich bis auch der letzte Gast (der vielleicht zuvor noch in den oberen Stockwerken zugange war) sich seinen Teller gefüllt hatte. Aus diesem Grund heckte man zahlreiche Tricks aus, um das Essen auch noch Stunden nach der Eröffnung des Büfetts möglichst appetitlich aussehen zu lassen. Bei Gemüse sah das zum Beispiel so aus: Spinat Deluxe hieß Spinat, der mit einer Schicht von gehacktem Ei bedeckt war. Wenn das Gericht dann nicht mehr ganz frisch wirkte, wurde einfach wieder eine Schicht Spinat nachgelegt und das Ei untergemischt, so daß es nicht mehr zu sehen war. Dann wurde die gesamte Platte wieder mit einer frischen Schicht von gehacktem Ei versehen. Der Spinat wurde so zwar nach einiger Zeit ziemlich eilastig, aber viele Gäste mochten ihn tatsächlich gerade mit reichlich Ei und kamen extra ganz zum Schluß noch einmal ans Büfett, um sich Spinat zu nehmen.
Ein anderer Trick bezog sich mehr auf den Namen des Gerichts. Bei den Everleighs wurde eine ganze Menge *Macédoine* serviert. Diese Bezeichnung macht auf der Speisekarte einiges her, meint aber im Grunde nichts anderes als eine bunte Mischung von Obst oder Gemüse, das in kleine Würfel geschnitten ist. Zu Beginn des Abends handelte es sich noch um die Originalmischung, doch mit Fortschreiten der Nacht wur-

den oft die kühnsten und erfindungsreichsten »Ergänzungen« vorgenommen. So entstanden aus der Notwendigkeit die abenteuerlichsten Kombinationen, doch der Name des Gerichts blieb stets korrekt und appetitanregend – eine *Macédoine* eben.

Schokoladenkuchen »Brandy Alexander«

Die Originalfassung dieses Rezepts war ziemlich arbeitsaufwendig. Unsere moderne Version geht ganz rasch, und kann somit in kürzester Zeit jede Naschkatze verführen.

250 g Schokoladenwaffeln
4 EL flüssige Butter
6 EL Brandy
500 ml Schokoladenflammeri
4 EL Schokoladenlikör
1/4 l Sahne
Borkenschokolade oder Schokoraspeln

Die Schokoladenwaffeln im Mixer solange zerkleinern, bis feine Brösel entstanden sind. Die Brösel mit der Butter und 2 EL Brandy gut vermischen. Den Boden und die Ränder einer Backform (Ø 20 cm) damit auskleiden. Den Teig dabei fest andrücken und kalt stellen.
Schokoladenflammeri, Likör und restlichen Brandy verrühren. Die Sahne steif schlagen und vorsichtig unterheben.
Die Schokoladenmasse auf dem Waffelboden verteilen und die Oberfläche glattstreichen. Zugedeckt mindestens 1 Stunde in den Kühlschrank stellen. Mit Borkenschokolade oder Schokoraspeln bestreuen und gut gekühlt servieren.
(Ergibt 10–12 Stücke)

Und was geschah schließlich mit den berühmten Everleigh-Schwestern? Nachdem der Club von Captain Wienerwürstchen geschlossen worden war, gingen Minna und Aida für ein halbes Jahr nach Europa und warteten darauf, daß die neue Reformwütigkeit wieder verebben würde (was allerdings nicht geschah!). Als sie zurückkamen, eröffneten sie in Chicagos schicker »West-Side« einen neuen Club. Die dort ansässigen Nachbarn und die Reformer knirschten vor Wut mit den Zähnen. Das Zähneknirschen alleine hätte die Everleighs nicht gestört, was sie allerdings sehr wohl störte, war eine Steuererhöhung um ganze hundert Prozent, die von den Behörden gefordert wurde.

Ohne großes Zögern verließen sie die Stadt und nahmen als Andenken an ihre Zeit in Chicago nur Aidas geliebtes vergoldetes Piano, Minnas Messingbett mit Marmorintarsien und ein paar andere Herzensgegenstände mit – neben der Kleinigkeit von zwei Millionen Dollar und ihren Schatzkästchen voller kostbarer Juwelen.

Sie hatten vom Freudenhaus-Gewerbe ein für allemal genug, zogen nach Manhattan und kauften dort in 20 West 70th Street ein sogenanntes »Brownstone«-Haus (das heute ein Apartmenthaus ist). Dort lebten die beiden 30 Jahre lang. Sie nahmen wieder den Namen ihrer geschiedenen Ehemänner an, wurden als Minna und Aida Lester Mitglied in einigen vornehmen Frauenclubs und gingen regelmäßig ins Theater. Minna starb 1948 im Alter von siebzig Jahren, und Aida – ihres Leitsterns beraubt – zog nach Virginia, wo sie 1960 mit 84 Jahren verschied.

2 Stadt ohne Sorgen

New Orleans! Schon beim Klang des Namens dieser Stadt beginnen alle Sinne zu vibrieren. Und automatisch denkt man an Essen, Jazz und ausschweifenden Sex. Beginnen wir mit dem Essen! Da wird ehrfürchtig der *Commander's Palace* erwähnt, der verschmitzte Paul Prudhomme mit seiner Cajun-Küche, das direkt am Fluß gelegene *Morning Call Coffee House*, in dem man zu jeder Tages- und Nachtzeit *Café au lait und Beignets* bekommt. Man seufzt tief beim Gedanken an das kleine anheimelnde Austernlokal an der Ecke von Canal- und Royalstreet, an Krebssuppe und -étouffée, deren Duft die ganze Stadt durchziehen, an das Frühstück im Garten bei *Brennan's* (mit Cocktails, Wein und Café diablo schon um 9 Uhr morgens – wenn nicht noch früher).

Der Ursprung der gefeierten Küche dieser Stadt liegt in der bunten Mischung der Kulturen, die an der Mündung des Mississippi aufeinander trafen, als New Orleans noch ein Morast war. Sklaven hatten die Okraschote aus Afrika mitgebracht, und aus dieser schlüpfrigen Köstlichkeit entstand das berühmte Louisiana Gumbo. Es gab auch fritierte Okras, die entweder als Beilage oder als würziger Cocktailsnack gereicht wurden. Von den karibischen Inseln stammten die Gewürze, die der einheimischen Küche einheizen sollten, und aus Neuschottland traf mit den Schiffen der lebenslustigen Akadier, die heute korrekterweise als *Cajuns* bezeichnet werden, so mancher Küchenzauber aus Fisch und Wild ein.

Eines der damals bekanntesten Gerichte wurde von einer Kurtisane nach New Orleans gebracht, die zuvor – zu Zeiten, als gut gepolsterte Damen und korpulente Herren noch äußerst gefragt waren – den britischen Hof unsicher gemacht hatte. Es ist ein besonders gehaltvolles Gericht. Keine Frau, die einigermaßen bei Trost ist, wird es öfter als ein- oder zweimal im Jahr servieren. Aber es ist so umwerfend gut, daß es wirklich verdient, in Ihr Küchenrepertoire aufgenommen zu werden!

Bitte weichen Sie nicht auf einfache Sahne oder die Light-Version irgendeiner anderen Zutat des Gerichts aus. Lassen Sie sich einmal so richtig gehen, und bereiten Sie es genau so zu, wie es hier beschrieben ist! Genießen Sie diesen unvergleichlichen Gaumenkitzel anläßlich einer wirklich besonderen Gelegenheit, und machen Sie sich erst am Tag danach wieder Gedanken über Ihr Gewicht.

Garnelengratin »Mornay«

120 g Butter
120 g Mehl
120 g Schalotten, in Würfel geschnitten
1 Bund Petersilie, gehackt
1/2 l Crème double
1/4 l trockener Weißwein
60 g Hartkäse (z.B. Emmentaler), fein gerieben
1 TL Salz
1/2 TL weißer Pfeffer
1 EL Zitronensaft
1 Spritzer Tabasco
1,3 kg geschälte, entdarmte und gegarte Garnelen
250 g Artischockenherzen (aus der Dose)
500 g frische Champignons, geputzt und blättrig geschnitten
100 g frisch geriebener Parmesan

Die Butter in einem Kochtopf zerlassen, das Mehl dazugeben und unter ständigem Rühren bei mittlerer Hitze etwa 5 Minuten köcheln lassen. Schalotten und die Hälfte der Petersilie zugeben und weitere 2 Minuten unter Rühren köcheln lassen.
Nach und nach die Crème double zugeben und solange rühren, bis die Sauce sämig ist. Wein und Käse unterrühren und mit Salz, Pfeffer, Zitronensaft und Tabasco würzig abschmecken. Zum Schluß die restliche Petersilie untermischen. Den Backofen auf 175° C vorheizen.
In eine Auflaufform (ca. 3 l Inhalt) abwechselnd Garnelen, Artischockenherzen und Champignons schichten, dabei jede Schicht mit Sauce bedecken. Die letzte Schicht sollte Bechamelsauce sein. Die Oberfläche dick mit Parmesan bestreuen und im heißen Backofen 30 bis 40 Minuten überbacken, bis der Käse goldbraun geworden ist.
(Ergibt 8–10 Portionen)
Tip: Dieses köstliche, gehaltvolle Gericht verlangt nach einem kühlen leichten Weißwein.

Als der Ruhm von New Orleans als Hauptstadt der Gelage um die Jahrhundertwende seinen Höhepunkt erreicht hatte, strömten die großen Küchenchefs aus Frankreich und Spanien dorthin, um ihr Glück in dieser verschwenderischen Stadt zu suchen, die als Paradies feiner Zutaten galt. In den Gewässern der Umgebung wimmelte es von Fischen, Garnelen, Hummern, Krabben und Krebsen, in den Wäldern und an den sumpfigen Altwassern tummelte sich das Wild und Federwild, und in dem tropischen Klima gedieh eine Fülle von Obst, Beeren und den verschiedensten Getreide- und Gemüsesorten.

Franzosen und Spanier tauschten ihre Rezepte aus, und so entstand die exotische kreolische Küche. Cajuns, Indianer, Schwarze und Latinos gaben ihren Teil dazu – und die unvergleichliche Feinschmeckerküche von New Orleans war geboren.

Es gibt Leute, die die kreolische Küche für die einzig wirkliche Regionalküche in den USA halten. In Wirklichkeit ist die kreolische Küche jedoch alles andere als regional, da sie weder geographisch auf ihr Entstehungsgebiet begrenzt, noch auf irgendwelche einheimischen Zutaten angewiesen ist. Sie beruht vielmehr auf einer bunten Mischung von Zutaten, die mit Schiffen aus allen nur erdenklichen Winkeln der Erde herangeschafft wurden. Dazu kommt noch die menschliche Kreativität einer bunten Völkermischung aus Schwarzen, Indianern, Spaniern, Briten, Deutschen – um nur ein paar zu nennen. Na, wenn das nicht nach Gumbo klingt?

Etwas wie den »echten« Gumbo gibt es nicht, obwohl Dutzende von Rezepten das von sich in Anspruch nehmen. Das Wort »Gumbo« stammt von den Sklaven aus Afrika und ist von ihrem Wort für die Okraschote abgeleitet. Aus diesem Grund enthält fast jeder Gumbo Okraschoten. Die nun folgenden Rezepte wurden behutsam modernisiert. So werden z.B. kein »reiner Speck« oder »Kalbsknie« mehr verwendet, und Sie müssen das Gericht auch nicht mehr »mindestens sechs Stunden hinten auf dem Ofen köcheln lassen«.

Tip: Der Großteil der Rezepte von damals verlangt als Beilage »trockenen Reis, in einer extra Schüssel dazu gereicht«. Die meisten modernen Rezepte dagegen schlagen vor, daß der Gumbo auf einem Reis nach Wahl angerichtet wird.

Für unseren Geschmack liefern die folgenden Rezepte die besten Gumbos von ganz New Orleans – und das heißt natürlich auch, daß es die besten Gumbos der Welt sind.

Meeresfrüchte-Gumbo

Ursprünglich verwendete man zum Eindicken eines Gumbos sogenannten »filé powder« (die geriebenen Blätter des Sassafrasbaumes), eine Entdeckung des Indianervolkes der Choctaw. Die folgende Version wird dagegen allein durch die Okraschoten gebunden.

100 ml Öl
100 g Mehl
250 g Zwiebeln, geschält und gehackt
250 g grüne Paprikaschoten, geputzt und in Würfel geschnitten
125 g Sellerieknolle, geschält und in Würfel geschnitten
1/2 Bund Petersilie, gehackt
1 Knoblauchzehe, geschält und fein zerdrückt
200 g scharfe Räucherwurst, in dünne Scheiben geschnitten
250 g Okraschoten, geputzt und in gut 1/2 cm dicke Scheiben geschnitten
1 l Hühnerbrühe
1 Dose Tomatenstücke (240 ml)
1/2 Lorbeerblatt
1 EL Worcestershire-Sauce
etwas Cayennepfeffer
Salz und Pfeffer nach Geschmack
250 g rohe Garnelen, geschält und entdarmt
250 g frisches Krabbenfleisch, abgetropft und in Scheiben geschnitten
200 g frische Austern, ohne Schalen, aber mit dem Austernwasser

Das Öl in einem großen Bräter erhitzen, das Mehl dazugeben und bei schwacher Hitze unter ständigem Rühren so lange köcheln lassen, bis eine dunkelbraune Einbrenne entstanden ist. Zwiebel, Paprika, Sellerie, Petersilie und Knoblauch dazugeben und zugedeckt bei schwacher Hitze etwa 30 Minuten unter gelegentlichem Umrühren weich schmoren. Von der Kochplatte nehmen.
Die Wurst bei mittlerer Hitze in einer Pfanne anbraten, dann zur Gemüsemischung geben. Etwas Bratfett von der Wurst in der Pfanne lassen und darin die Okraschoten bei schwacher Hitze so lange anbra-

ten, bis sie leicht gebräunt sind. Okraschoten, Hühnerbrühe, Tomaten, Lorbeerblatt, Worcestershire-Sauce, Cayennepfeffer, Salz und Pfeffer ebenfalls zur Gemüsemischung geben und alles gründlich verrühren. Zugedeckt bei schwacher Hitze etwa 1 1/2 Stunden köcheln lassen und dabei gelegentlich umrühren.

Zum Schluß die Garnelen, das Krabbenfleisch und die Austern untermischen und noch etwa 10–15 Minuten sanft köcheln lassen, bis die Garnelen rosa werden und der Rand der Austern sich zu kräuseln beginnt. Je nach Geschmack mit Worcestershire-Sauce, Cayennepfeffer, Salz und Pfeffer nachwürzen.

(Ergibt 5–6 Portionen)

Vegetarischer Gumbo

Vegetarischer Gumbo, sagt man, war in New Orleans ein beliebtes Gericht an bestimmten Feiertagen, wie z.B. Gründonnerstag. Die verschiedensten Gemüse und Kräuter gaben ihm sein unvergleichliches Aroma. Die einzig zwingend vorgeschriebene Zutat waren Okraschoten. Alle anderen Bestandteile blieben dem Einfallsreichtum des Kochs überlassen, der jedes verfügbare Gemüse dafür verwendete, einschließlich der Reste vom Vortag. Als geheime Zutat für vegetarischen Gumbo ist eine Tasse starken Kaffees überliefert, der ganz zum Schluß zugegeben wird, und für Farbe und Aroma sorgt. Andere Köche benutzten immer genau sieben grüne Gemüsesorten für den Gumbo – das sollte angeblich Glück bringen.

Was den Jazz betrifft, ist unklar, ob die Musikrichtung, die das Markenzeichen der Stadt werden sollte, hier geboren wurde oder nicht (denn Chicago, San Francisco, Paris und das Mississippi-Delta erheben ebenfalls Anspruch darauf). Unzweifelhaft wuchs der Jazz jedoch in New Orleans heran und wurde in den offenen Bordellen des Rotlichtbezirks, wo Gesang und Tanz gemeinsam mit Sex im Angebot waren, leidenschaftlich gepflegt.

Wenn Miss Lulu White die Treppe in der sagenhaften Mahogany Hall herunterwalzte und dabei ihren berühmten Eröffnungssong schmetterte, ließ das Diamantengefunkel, das sie begleitete, einen fast erblinden. Sie sang stets »Where the Moon Shines«, doch selbst der allerschönste Mond hatte gegen Miss Lulu keine Chance. Sie glaubte an die Freundschaft von Diamanten, und so war ihr Körper förmlich übersät von ihren »Freunden«.

An jedem ihrer Finger einschließlich des Daumens blitzten Diamantringe. Diamantarmbänder säumten ihre Arme bis hinauf zu den Achselhöhlen. Ein Diamanthalsband steigerte den Effekt des ohnehin gewagten Dekolletes ihres schillernden Ballkleids dramatisch. Eine Diamanttiara krönte ihre flammendrote Perücke. Und als kleiner Kontrapunkt erstrahlte quer über ihrem Busen in geheimnisvoll grünem Smaragdgefunkel eine Alligatorbrosche. Dies alles wurde jedoch in den Schatten gestellt von dem berühmten Lächeln, das ihre diamantbesetzten Zähne zeigte, und Miss Lulus Botschaft an alle Zahnärzte des Ortes war, daß die Früchte ihrer Arbeit beileibe nicht langweilig sein mußten.

Gumbovariation mit Poularde

100 ml Öl
100 g Mehl
1 Poularde, von ca. 1,3 kg
125 g Schinkenwürfel
125 g Knollensellerie, geschält und in Würfel geschnitten
1 Knoblauchzehe, geschält und gehackt
1 EL Zwiebel, in Würfel geschnitten
1/2 l Wasser
1/2 Bund Petersilie, gehackt
125 g Okraschoten, geputzt
1 Dose Tomatenstücke (240 ml)
Salz und Pfeffer nach Belieben
etwas Cayennepfeffer

Öl erhitzen, das Mehl hinzufügen und unter Rühren in etwa 10 Minuten eine dunkle Einbrenne herstellen.
Die Poularde waschen, in Portionsstücke teilen und zusammen mit den Schinken-, Zwiebel- und Selleriewürfeln sowie dem Knoblauch in die Einbrenne geben. Bei mittlerer Hitze solange braten, bis das Gemüse weich und die Poularde braun geworden ist. Mit Wasser aufgießen und zugedeckt etwa 1 Stunde 15 Minuten köcheln lassen.
Dann die Hähnchenteile herausnehmen und warm stellen. Petersilie, Okraschoten und Tomaten hinzufügen und würzen. Zugedeckt solange köcheln lassen, bis die Okras bißfest gegart sind.
(Ergibt 8–10 Portionen)

Lulu White besaß und führte die Mahogany Hall, ein verschwenderisch ausgestattetes »Entertainment Center« in der Basin Street Nr. 235 in New Orleans. Die Welt tanzt heute noch zu der Melodie des Liedes »The Mahogany Hall Stomp«, das ihr von ihrem Neffen Spencer Williams gewidmet wurde. Nach dem Tod seiner Mutter war er von Lulu adoptiert worden. Selbst ihr ganzes Leben lang eine Musiknärrin, ermunterte und förderte Lulu Spencers Talent. Ihm verdanken wir auch den unsterblichen »Basin Street Blues«. Sein »Mahogany Hall Stomp«, inspiriert durch den Hymnus »Bye and

Bye«, wurde von zahlreichen Jazzgrößen der Zeit, einschließlich Louis Armstrong, interpretiert. Satchmos berühmte Aufnahme davon wird für Sammler stets ein absoluter Klassiker bleiben.

Lulus Diamanten waren die Freundschaftspfänder einer Reihe wohlhabender Liebhaber. Deren außerordentliche Freigiebigkeit hatte angeblich auch den Bau des unglaublich teuren Prachtbaus Mahogany Hall ermöglicht. Da um die Jahrhundertwende keine Frau auch nur für den Bau eines Hühnerstalls einen Kredit bekommen hätte, waren diese Geschenke wirklich außerordentlich wichtig und ein wahrer Segen für Lulu.

Miss Lulu übte sowohl auf Männer als auch auf Geld eine gleichsam magische Anziehungskraft aus, obwohl viele Leute, die sie kannten, darüber den Kopf schüttelten und nicht verstehen konnten warum. Ohne ihren Schmuck sah sie einfach unbeschreiblich aus – klein, gedrungen, fett –, so daß sie gezwungen war, ihren Mangel an Schönheit durch schamlose Effekthascherei auszugleichen. Keiner der jemals Zeuge ihres Bühnenspektakels wurde, hätte auch nur im entferntesten geglaubt, daß sie mit Hacke und Pflücksack aufgewachsen war und ihre Jugend mit Unkrautjäten und Baumwollpflücken verbracht hatte. In Wirklichkeit war Lulu White nämlich ein Mischling aus Alabama und zu einem Achtel Schwarze. Im Alter von achtzehn Jahren ließ sie die Baumwollfelder von Selma einfach hinter sich, um ihr Glück in New Orleans zu suchen. In ihrem Gepäck hatte sie die Rezeptklassiker von zu Hause.

Bohnensalat »Hoppin' John«

Die schwarze Bohne (Vigna Uniquiculata), die auch viele andere Namen hat, kommt ursprünglich aus Asien und kam mit dem Sklavenhandel an die Küsten Amerikas. »Hoppin' John« ist ein Gericht, das Südstaatler überaus schätzen. Besonders an Neujahr wollen sie darauf auf keinen Fall verzichten, da es für das ganze folgende Jahr Glück bringen soll. Es war eines der Lieblingsgerichte von Miss Lulu. Die folgende Version wurde dem verfeinerten Geschmack von heute angepaßt. Das Gericht schmeckt am besten lauwarm.

250 g getrocknete schwarze Bohnen
1 l Wasser
1 Lorbeerblatt
1 rote Zwiebel, geschält und in Würfel geschnitten
1 Bund Petersilie, gehackt
1 Knoblauchzehe, geschält und zerdrückt
4 EL Olivenöl
1 TL Dijonsenf
2 EL Weinessig
1–2 Spritzer Tabasco
Salz und Pfeffer nach Belieben

Die Bohnen mit Wasser begießen und einige Stunden einweichen. Dann mit dem Einweichwasser und dem Lorbeerblatt in einen großen Topf geben und aufkochen lassen. Bei schwacher Hitze etwa 1 Stunde köcheln lassen, bis die Bohnen weich sind. Abgießen, das Lorbeerblatt entfernen und kühlstellen.
Die abgekühlten Bohnen in eine große Schüssel geben. Zwiebel, Petersilie und Knoblauch dazugeben und alles gut vermengen.
In einer kleinen Schüssel Olivenöl, Senf, Essig, Tabasco, Salz und Pfeffer verrühren. Das Dressing über die Bohnenmischung geben und alles gut durchmischen. Als Beilage zu Fleischgerichten reichen.
(Ergibt 6 Portionen)

Tip: Im Umfeld des Gerichts ist noch ein Küchengeheimnis überliefert: Wickeln Sie einen Pfennig in Alufolie und »verstecken« Sie ihn zu Neujahr (oder, wie bei uns eher üblich, an Silvester) im fertigen Salat. Wer die Münze auf seinem Teller entdeckt, dem wird das Glück im neuen Jahr besonders hold sein.

Miss Lulu kam in den achtziger Jahren des vergangenen Jahrhunderts in New Orleans an. Sie wurde von einem rabenschwarzen Mann begleitet, von dem es hieß, er sei ihr Stiefvater. Sogenannte *Octoroons* (Personen, die zu einem Achtel schwarzer Abstammung sind) galten zu dieser Zeit als exotisch und waren in der lockeren Halbwelt der Stadt äußerst gefragt. Ganz im Gegensatz zu wirklich dunkelhäutigen Schwarzen.

Der schwarze Stiefvater verschwand ganz plötzlich, und Lulu begann als angeblicher »Mischling von den karibischen Inseln« eine steile Karriere des Lasters. Sie verleugnete einfach ihre Herkunft aus Alabama und bestand darauf, von den karibischen Inseln zu stammen, »ohne einen Tropfen schwarzes Blut« in ihren Adern. Damit hatte sie augenblicklich Erfolg und schlug so Kapital aus der vorherrschenden bizarren Meinung, daß die Mischung verschiedener Menschenrassen – negroider genauso wie anderer – außerordentliche sexuelle Neigungen hervorbrachte.

Pünktlich zur Jahrhundertwende war Lulu White die selbsternannte Empress of the Demimonde (Königin der Halbwelt). Als solche fühlte sich aber auch Josie Arlington, der das herausragende House of Joy nur ein paar Türen weiter in der Basin Street Nr. 225 gehörte. Beide Damen brüsteten sich damit, die oberste Instanz in ihrem Gewerbe zu sein. Es muß allerdings angemerkt werden, daß die kämpferische Josie, die als eine der streitsüchtigsten Puffmütter der ganzen Stadt galt, nie in so »gesittete« Paläste wie den Everleigh Club in Chicago eingelassen worden wäre. Und die eleganten Everleigh Sisters wären sicherlich auch über den Faustkampf äußerst geschockt und pikiert gewesen, den sich Josie einst mit einer schwarzen Konkurrentin namens Beulah Ripley lieferte. Beulah riß der Empress Josie dabei einen Großteil ihrer Haare aus, worauf Josie in alttestamentarischer Rache die Hälfte von Beulahs Ohr und fast ihre ganze Unterlippe abbiß. Nur so viel zu Würde und Anstand in New Orleans ...

Natürlich waren die Damen Arlington und White in der »Stadt ohne Sorgen« nicht auf Anerkennung aus Chicago angewiesen. New Orleans war und ist etwas Einzigartiges. Im stillen pflegte diese Stadt stets ihre eigenen Ansichten über alles und jeden, und ganz besonders über Sex. Zu Lulu Whites besten Zeiten ging man sogar soweit, die Prostitution zu entkriminalisieren. Im Jahre 1898 wurden die Freudenhäuser der ganzen Stadt per städtischen Erlaß in ein 39 Blocks umfassendes Gebiet am Rande des French Quarters umgesiedelt. Es war der berüchtigte Rotlichtbezirk, der von St. Louis-, Claiborne-, Bienville- und Basinstreet begrenzt wurde. Und obwohl die Prostitution hier nicht offiziell legalisiert war, wurde sie doch offiziell toleriert. Der Erlaß, der diesen Bezirk festschrieb, diente lediglich dazu, das Gewerbe überschaubar und regulierbar zu machen. Alle vorangegangenen Versuche, irgendwelche Regeln oder Grenzen festzulegen, waren nämlich nur mit Augenzwinkern und Gelächter bedacht worden.

Als der Erlaß in Kraft getreten war, herrschte stillschweigendes Einverständnis darüber, daß der gesamte Bezirk ein nach allen Seiten offener Tummelplatz für die Damen der Nacht sein sollte. Wenn eine es wagte, ihren Beruf in irgendeinem anderen Viertel der Stadt ausüben zu wollen, wurde sie festgenommen und mit einer Geld- oder Gefängnisstrafe belegt. Die Prostitution war zwar im festgelegten 39-Block-Bezirk nicht direkt legal, überall sonst jedoch galt sie eindeutig als illegal.

Das Rotlichtviertel war die einfallsreiche Erfindung von Alderman Sidney Story, eines Mannes von hohen Prinzipien und einem aufrichtigen sozialen Bewußtsein. Story verachtete die Prostitution. Genauso haßte er den Jazz, die Musik, die untrennbar mit dem horizontalen Gewerbe verbunden war und deren Name bereits einen erotischen Beigeschmack hatte. (Im Straßenslang von damals war das Vier-Buchstaben-Wort nämlich auch eine Bezeichnung für den Geschlechtsverkehr.) Der Jazz wurde von Größen wie Louis Armstrong, King Oliver, Tony Jackson, Clarence Williams und Jelly Roll Morton weiterentwickelt und verfeinert, die alle irgendwann einmal zu den Top-Entertainern der lokalen Vergnügungspaläste zählten. Morton insistierte sein ganzes Leben lang, er hätte die Stilrichtung des Jazz überhaupt erst erfunden – sehr zum Ärger der anderen, die sein Talent zwar widerwillig anerkannten, ihn andererseits aber als Prahlhans erster Klasse mit der irritierenden Angewohnheit, seine schwarze Abstammung zu verleugnen, abkanzelten.

Wo auch immer der Jazz geboren wurde, Alderman Story wollte ihn zusammen mit der Prostitution, die ihn förderte, ausradiert wissen. Er war es, der die Stadtregierung davon überzeugte, den Erlaß durchzusetzen, mit dem das Prostitutionsgewerbe in den 39-Block-Bezirk verbannt wurde. Und vom 1. Januar 1898 bis zum 12. November 1917 behielt dieser Erlaß auch seine Gültigkeit. Alderman Story glaubte ernsthaft, daß die Beschränkung der Prostitution auf diesen Schauplatz sowohl für die Gewerblerinnen als auch für die Freier ein Hindernis darstellen würde. Er argumentierte überzeugend, daß dadurch die Ausbreitung von Geschlechtskrankheiten in den Griff zu bekommen sei, man die Zuhälter und Beschützer der Prostituierten loswerden könne und die Stadt die Gelegenheit erhielte, alle Bordelle zu registrieren, um dann von den Besitzern hohe Steuern einzutreiben. Darüber hinaus erklärte er, daß so die »Krebsgeschwüre der Unmoral aus dem Blickfeld ehrwürdiger Damen beseitigt würden«. Der arme Alderman Story! Er opferte sein Leben einer leidenschaftlichen Kampagne zur Abschaffung des horizontalen Gewerbes und der Jazzmusik – und zum Dank dafür benannten die Huren und ausgelassene Jazzmusiker den Rotlichtbezirk nach ihm. So wurde das Viertel zu Alderman Storys nicht enden wollender Beschämung Storyville genannt (und heißt auch heute noch so).

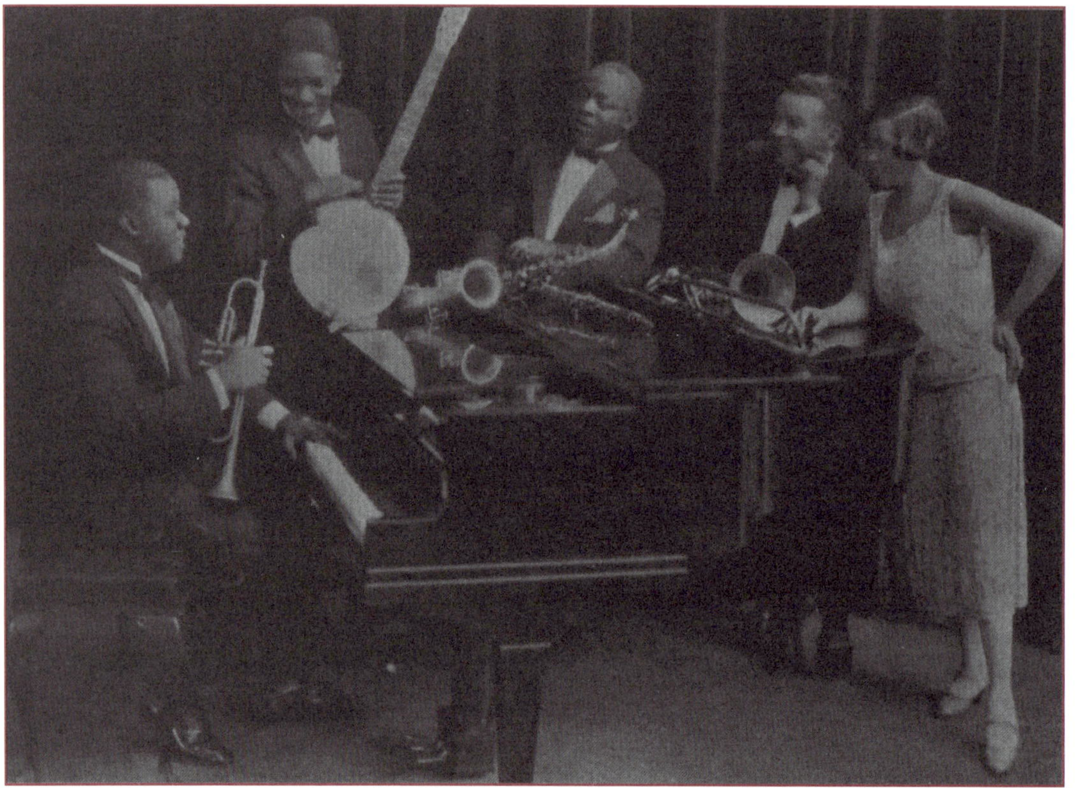

Der Boden war also bereitet, es wurden dort immer noch größere Freudenhäuser gebaut. Lulu Whites Mahogany Hall war ein vierstöckiges Marmorgebäude, dessen Errichtung 40.000 Dollar gekostet hatte; in heutiger Währung entspräche das mehr als einer halben Million.
Genauso außergewöhnlich wie die Hall war Miss Lulus berühmtes Essen, das nur wenige Auserwählte genießen durften. Unter den Lieblingsgerichten rangierten ganz

oben die sogenannten »Calas«, die zum Sonntagsfrühstück gereicht wurden. Sie wurden aus gekochtem Reis hergestellt, in Fett ausgebacken und mit Puderzucker bestäubt. Zwar verkauften auch Straßenhändler im French Quarter Calas, doch die besten gab es angeblich bei Lulu.

Warme Reisküchlein »Calas Tout Chaud«

1 Päckchen Trockenhefe
100 ml lauwarmes Wasser
650 g gekochter Reis
3 Eier
225 g Mehl
1 EL Zucker
1/2 TL Salz
etwas frisch geriebene Muskatnuß
Öl zum Ausbacken
Puderzucker zum Bestäuben

Die Hefe in eine große Schüssel bröckeln und in lauwarmem Wasser auflösen. Den Reis dazugeben und alles gut vermengen. Die Schüssel mit einem Tuch bedecken und die Masse an einem warmen Ort solange gehen lassen, bis sie sich verdoppelt hat. Das dauert etwa 2 bis 3 Stunden.

Eier, Mehl, Zucker, Salz und Muskat in die Reismasse einarbeiten. Dann zugedeckt an einem warmen Ort noch einmal 30 Minuten gehen lassen.

Das Öl etwa 5 cm hoch in eine tiefe Bratpfanne gießen und erhitzen. Mit dem Eßlöffel Portionen vom Teig abstechen und nach und nach in das heiße Öl setzen. Bei mittlerer Hitze auf jeder Seite goldbraun backen. Auf Küchenpapier abtropfen lassen und mit Puderzucker bestäubt servieren.

(Ergibt ca 36 Calas)

Falscher Absinth-Cocktail

Zu den Calas ließ Lulu den starken New Orleanser Kaffee und einen Absinth-Cocktail servieren. (Absinth, ein grüner Branntwein aus Wermut mit 65% Alkohol, war im Jahre 1912 in den USA verboten.) Der Cocktail kann mit jedem anishaltigen Likör nachgemacht werden.
Es lohnt sich, ihn zu probieren!

4 cl Pernod
2 cl Wasser
7 cl Anislikör
1 Spritzer Orangenbitter

Alle Zutaten in einem Shaker auf gestoßenem Eis schütteln und in ein Cocktailglas abseihen.
(Ergibt 1 Cocktail)

Mit dem barocken Glanz der Mahogany Hall konkurrierte Josies aufwendiger Vergnügungstempel. Das Arlington hatte ebenfalls vier Stockwerke, und zu seinen herausragenden Merkmalen gehörte eine byzantinische Kuppel, die die Skyline von New Orleans um ein interessantes Detail bereicherte.
Die beiden nur ein paar Schritte voneinander entfernten Häuser waren Monumente eines schauderhaft schlechten Geschmacks. Im Inneren ähnelten sie sich. Beide verfügten über eine »Hall of Mirrors« (Spiegelsaal) und waren mit einer Überfülle an Samt, maßlos übertriebenen Stoffdrapierungen, üppigen viktorianischen Sofas und Sesseln, Kristalllüstern, falschen Orientteppichen, Gemälden und Skulpturen mit erotischen Motiven ausgestattet.
Das Arlington brüstete sich außerdem damit, über einen Japanischen Salon, den obligatorischen Türkischen Salon, einen Wiener Salon, einen Amerikanischen Salon und eine ganze Reihe von sogenannten »Lasterhöhlen« und »Boudoirs« zu verfügen. Die Mahogany Hall schmückte sich mit einer ausladenden geschwungenen Treppe, die speziell für Miss Lulus großen abendlichen Auftritt eingebaut worden war. Es gab dort ebenfalls Räume, die unter einem bestimmten Motto standen, und versteckte Rück-

zugsmöglichkeiten für Männer, die Diskretion oder gar absolute Heimlichkeit wünschten. Das in den Augen von Miss Lulu alles überragende Merkmal der Mahogany Hall war jedoch das fächerförmige Fenster über dem Eingangsportal – ein leuchtender Bogen aus falschem Kirchenfensterglas, auf dem ihr Name und die Hausnummer in einem leuchtenden Schriftzug zu lesen war.

Dieses Fenster, eines der letzten Relikte des berüchtigten Hauses, ist nun der vielgepriesene Besitz eines Klarinettisten namens Pete Fountain und ist in der Gegend, die einst Storyville genannt wurde, zum beliebten Wohnaccessoire geworden. Fountain selbst ist ein Publikumsmagnet in einem der berühmten Hotels am Flußufer. Ein anderes Ausstellungsstück der Mahogany Hall, ein verzierter Kandelaber aus Messing und Milchglas, hängt in Modell's Restoration and Polishing Shop in der Magazine Street Nr. 4600. Er ist mit dem stolzen Preis von 100.000 Dollar ausgezeichnet, obwohl jeder, der die kapriziöse Ms. Modell kennt, stark bezweifelt, daß sie ihn – zu welchem Preis auch immer – jemals verkaufen würde.

Man schätzt, daß das Rotlichtviertel in den 30 Jahren seiner Existenz niemals weniger als fünfhundert Freudenhäuser umfaßte. Sie variierten in Größe und Ambiente vom kleinen Zimmer einer einzelnen Hure bis hin zu so großen, exklusiven Etablissements wie denen von Miss Lulu und Josie, die die Dienste von bis zu dreißig Mädchen anboten.

In Storyville wurde ein wunderbares Gericht mit dem vielsagenden Namen »Dirty Rice« erfunden, das noch heute im Süden der USA äußerst populär ist. Es eignet sich herrlich als Beilage zu Fleisch, Geflügel oder Fisch.

Dirty Rice

100 ml Pflanzenöl
3 EL Mehl
2 Zwiebeln, geschält und in Würfel geschnitten
700 g Hühnerleber
100 g Knollensellerie, geschält und in Würfel geschnitten
2 Bund Petersilie, gehackt
1 kleine grüne Paprika, geputzt und in Würfel geschnitten
1 Knoblauchzehe, geschält und gehackt
1 EL Worcestershiresauce
1 Spritzer Tabasco
1/8 l trockener Weißwein
950 g gekochter Reis
Salz und Pfeffer nach Belieben

Das Öl in einem Bräter erhitzen, das Mehl einrühren und bei mittlerer Hitze unter Rühren eine Einbrenne herstellen. Zwiebelwürfel dazugeben und so lange weiterrühren, bis die Einbrenne braun geworden ist. Hühnerleber sorgfältig säubern, waschen, in Stücke schneiden und Sellerie, Petersilie, Paprika, Knoblauch, Worcestershiresauce und Tabasco dazugeben. Unter ständigem Rühren in wenigen Minuten garen. Den Backofen auf 175° C vorheizen.
Mit dem Wein ablöschen und alles noch einmal kurz durchkochen lassen. Zum Schluß den gekochten Reis unterheben und mit Salz und Pfeffer würzen. Im heißen Backofen ungefähr 15 Minuten fertiggaren.
(Ergibt 8 Portionen)

Tip: New-Age-Südstaatler verfeinern dieses Gericht noch mit etwas Parmesan. Wer keine Hühnerleber mag, kann statt dessen Schinkenwürfel oder leicht angebratenes Hackfleisch verwenden. Auch als Hauptgericht geeignet.

Die einzige ernstzunehmende Konkurrenz für Lulu und Josie im etwas gehobeneren Prostitutionsgewerbe war die Countess Willie V. Piazza. Willie war natürlich genauso wenig eine Komteß wie Lulu von den pazifischen Inseln stammte, aber ihr Hang zum Theatralischen gab diesem Titel den nötigen authentischen Touch. Neben dem Monokel, das sie stets trug, gehörten zu ihrer Ausstattung eine über einen halben Meter lange Zigarettenspitze aus Elfenbein und General Jack Jackson, ein dunkelhäutiger Zwerg, der nur etwa einen Meter groß war und als Türsteher fungierte. Jelly Roll Morton ließ einmal verlauten, daß er immer gerne bei der Countess Piazza spielte, weil sie »die einzige Dame der ganzen Stadt war, die darauf achtete, daß ihr Klavier stets richtig gestimmt war«.

Die Belegschaft der Countess Piazza bestand aus einem Dutzend Mädchen, die gemeinhin als die schärfsten Mischlingsgirls auf dem ganzen Kontinent galten. Jedes Jahr erschien die Countess mit ihrer vielgepriesenen Schar am Tag der Saisoneröffnung auf dem Rennplatz und scheuchte die Mädchen auf die teuersten Plätze – die ehrenwerten Damen aus dem Garden District nahmen direkt dahinter Platz. Im Schlepptau hatten sie ihre Schneider, die sofort eifrig begannen, sich Skizzen zu machen. Die Countess und ihre außergewöhnlich schönen Mischlingsmädchen waren nämlich stets nach dem letzten Schrei aus Paris gekleidet, und die vornehmen Damen von New Orleans – die sich für alles andere als für Pferderennen interessierten – verfolgten die Modenschau mit dem größten Vergnügen.

Doch trotz der ganzen Eleganz hätten die Piazza-Mädchen im erlesenen Everleigh Club in Chicago genauso wenig Chancen gehabt wie die streitbare Willie selbst. So wird zum Beispiel die amüsante Geschichte erzählt, daß eines Abends ein Besucher aus Paris im Haus der Countess vorsprach. Countess Willie selbst war ausgegangen, und die Dame, die sie mit ihrer Vertretung betraut hatte, konnte sich mit dem Kunden nicht unterhalten, da er kein Englisch sprach. (Die Countess hätte es gekonnt, da sie sieben oder acht Sprachen fließend beherrschte.) Irritiert durch die Fragen des Franzosen rief die Stellvertreterin also die Treppe hinauf: »Spricht da oben irgend jemand französisch?« Worauf eines der Mädchen aus der abgebrühten Schar antwortete: »Mein Gott, müssen wir jetzt auch noch französisch *sprechen* können?«

Willie Piazza konnte nicht nur französisch sprechen, sondern auch himmlisch französisch kochen. Ihre Küche war sogar in New Orleans etwas ganz Besonderes und war einer der Gründe, warum die begehrtesten Mädchen des Gewerbes zu ihrem exklusiven kleinen Etablissement strömten. Ihre eleganten und intimen Candlelight Dinners wurden gewöhnlich mit einem fantastischen Dessert abgeschlossen, wie etwa dem folgenden, das wir allerdings leicht modernisiert haben:

Rum-Schokoladen-Kuchen

12 Mandelmakronen
100 ml brauner Rum
400 g Zartbitterschokolade, in Stücke gebrochen
150 ml Wasser
100 g Zucker
6 Eier, getrennt
24 Löffelbiskuits, der Länge nach halbiert
1/4 l Sahne
Weiße Schokoladensplitter zum Garnieren
kandierte Veilchenblüten zum Garnieren

Den Boden einer flachen runden Form mit den Makronen bedecken und mit Rum beträufeln.
Die Schokolade mit Wasser und Zucker (von dem ein Eßlöffel zurückbehalten wurde) unter ständigem Rühren im heißen Wasserbad schmelzen lassen. Von der Kochplatte nehmen und die Eigelbe nacheinander gründlich unterrühren. Abkühlen lassen. In einer großen Schüssel das Eiweiß mit dem restlichen Eßlöffel Zucker steif schlagen und vorsichtig unter die abgekühlte Schokoladenmasse heben.
Den Boden und die Seiten einer Springform (Ø 24 cm) mit den längs halbierten Löffelbiskuits auslegen. Die Hälfte der Schokoladenmischung daraufgeben und mit einer Schicht eingeweichter Makronen bedecken. Die restliche Schokolade daraufgeben und mit einer Schicht Löffelbiskuits abschließen. Zudecken und über Nacht im Kühlschrank kaltstellen.

Am nächsten Tag die Sahne steif schlagen, den Schokoladenkuchen stürzen und mit der Sahne bestreichen. Mit weißen Schokoladensplittern und kandierten Veilchenblüten verzieren.
Mit einem Wort: Wow!

Daß die Halbwelt auf die Damen der Oberschicht von New Orleans große Faszination ausübte, trat nicht nur am Saisoneröffnungstag auf der Rennbahn zutage. Begierig sogen sie jeden Klatsch über die halbseidenen Ladies auf. Doch dann sollte ihre Neugier ihnen einen Fastnachtsstreich bescheren, den weder sie noch die Halbwelt jemals vergessen sollten.
Die Geschichte trug sich folgendermaßen zu: Zu Ehren der Damen der edleren Storyville-Häuser und besonders »talentierter« Mädchen wurde jedes Jahr eine illustre Veranstaltung gefeiert, die sich *The Ball of the Two Well-Known Gentlemen* nannte. Die Eintrittskarten dafür wurden äußerst hoch gehandelt, und die frischgebackenen wie ehemaligen Debütantinnen von New Orleans nervten ihre Männer jedes Jahr wieder, ihnen Eintrittskarten für diese anrüchige Veranstaltung zu besorgen. Obwohl die Debütantinnen es zu keiner anderen Zeit gewagt hätten, in Storyville aufzukreuzen, brannten sie darauf zu wissen, was dort die ganze Zeit so vor sich ging. Einmal im Jahr bot sich nun die unvergleichliche Chance, die schlimmen Mädchen zu sehen, die ihre Männer das ganze Jahr über ergötzten. Hatten sich die Debütantinnen erst einmal dort eingeschmuggelt, konnten sie – sicher unter ihren Masken verborgen – dem munteren Treiben der Huren zusehen. Noch monatelang danach wurden sie von allen zum Essen eingeladen, damit sie die Geschichten über ihr riskantes Abenteuer zum Besten geben konnten.
Doch diesmal sollte es anders kommen. Als Josie Arlington Wind davon bekam, daß eine Gruppe von Debütantinnen plante, auf dem Ball zu erscheinen, geriet sie in Rage. Die Invasion eines Balls der Halbwelt durch blasierte, gesellschaftlich angesehene Bürgerinnen war einfach zu viel für eine stolze Dame des horizontalen Gewerbes, und so traf sie auf der Stelle ein Abkommen mit einigen freundlichen Herren von der Polizei. Sie überredete sie, auf dem Ball eine Razzia durchzuführen und jede Frau zu verhaften, die keinen Ausweis bei sich trug, der sie als ordentliche Prostituierte auswies. Und

so kam es, daß auf dem von Josie und ihren Freunden veranstalteten Ball von 1906 eine Reihe junger Damen, die die Crème de la crème der Gesellschaft von New Orleans darstellten, ohne großes Federlesen einkassiert wurde. Unfähig, sich als »ordentliche Prostituierte« auszuweisen, wurden sie kurzerhand ins Gefängnis befördert. Erst dort nahm man ihnen die Masken ab und schickte sie dann umgehend nach Hause. So gab es diesmal eine ganz andere Art von Geschichte zu erzählen.

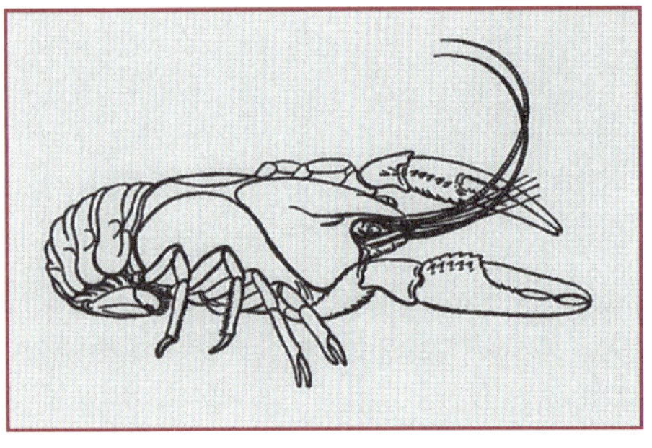

Wenn der Jazz die Musik ist, die untrennbar mit Storyville verbunden war, so ist es beim Essen das Etouffée (Schmorgericht) aus Flußkrebsen. Flußkrebse, in Amerika crawfish, crayfish, craw dads oder crawdaddies genannt, wurden von den Cajuns in den zahlreichen Flußarmen des Mississippideltas aufgespürt. Anfangs galten sie als Arme-Leute-Essen und wurden von der Elite New Orleans verächtlich links liegengelassen. Kein Restaurant, das etwas auf sich hielt, hätte es gewagt, sie auf die Speisekarte zu setzen. Erst nach dem Zweiten Weltkrieg wandten sich die anspruchsvollen Gaumen der Stadt diesen lange vernachlässigten Süßwasserverwandten der Garnelen zu. Heute übertrumpfen die berühmten Küchenchefs der Stadt einander und sich selbst immer wieder bei der Kreation neuer Flußkrebsrezepte, und beinahe jedes edle Restaurant in New Orleans bietet seine eigene himmlische Version von Flußkrebs-Etouffée an.

Garnelen-Etouffée

Das Wort Etouffée kommt aus dem Französischen und bezeichnet ein Schmorgericht. Besonders lieben wir es, wenn es wie das Original mit Flußkrebsen zubereitet wird. Weil aber Garnelen leichter erhältlich sind (Flußkrebse gibt es im Überfluß wirklich nur in Louisiana), liefern wir hier das folgende Rezept. Trotzdem dürfen Sie es nicht für einen schlechten Ersatz halten oder meinen, es sei nur halb so gut. Auch Garnelen-Etouffée findet sich auf den Speisekarten der besten Restaurants in New Orleans. Und darum präsentieren wir es auch als ein Rezept erster Güte.

100 g Butter
2 große Zwiebeln, geschält und in Würfel geschnitten
1 große grüne Paprikaschote, geputzt und in Würfel geschnitten
100 g Schalotten, geschält und in Würfel geschnitten
2 Knoblauchzehen, geschält und fein gehackt
1 TL Salz
1/2 TL schwarzer Pfeffer
1/2 TL roter Pfeffer
1/2 TL weißer Pfeffer
1,2 kg große, rohe Garnelen
1 Bund Frühlingszwiebeln
2 Bund Petersilie, gehackt
gekochter Reis als Beilage

Die Butter in einem großen Bräter zerlassen und Zwiebeln, Paprika, Schalotten und Knoblauch darin unter gelegentlichem Umrühren etwa 30 Minuten lang weich dünsten. Mit Salz und Pfeffer würzen.
Die Garnelen schälen und den Darm entfernen. Aus den Schalen einen Fond zubereiten. Dazu Schalen und Köpfe in einen mittelgroßen Topf geben, mit Wasser bedecken und 30 bis 45 Minuten köcheln lassen. Den Fond abgießen, und die Schalen wegwerfen.
Die Garnelen zu der Gemüsemischung geben und soviel Fond darübergießen, daß alles bedeckt ist. Zugedeckt zum Kochen bringen. Dann den Deckel abnehmen und das Gericht 5 Minuten lang offen köcheln lassen. Frühlingszwiebeln putzen und mit einem Teil der grünen Enden in kleine Würfel schneiden. Mit der Petersilie unter die Garnelen mischen und noch einmal für 1 bis 2 Minuten kochen lassen. Die Garnelen müssen dabei rosa werden. Auf einem Reisbett servieren.
(Ergibt 6 Portionen)

Außer von den praktizierenden Prostituierten, den Chefinnen, Zuhältern und Jazzmusikern wurde Storyville noch von allerhand bizarren Gestalten bevölkert. Eine davon war ein grotesker kleiner Mann, der einen Gang wie eine Ente hatte und mit einem riesigen Wasserkopf daherwatschelte. Zusätzlich sprach er mit eigentümlich quiekender Stimme. Es war Ernest J. »Papa« Bellocq, ein Fotograf von bemerkenswerter Kunstfertigkeit, der seine Zeit und sein Talent zwischen Huren und anderen Außenseitern durchbrachte. Wahrscheinlich fühlte er sich (ähnlich wie Toulouse-Lautrec) wegen seiner körperlichen Entstellung unter sozialen Außenseitern einfach wohler. Die wenigen Fotografien von Bellocq, die noch existieren, offenbaren ein beachtenswertes Talent. Viele seiner Glasplattennegative wurden von seinem Bruder, einem römisch-katholischen Priester, unkenntlich gemacht. Warum dieser davon absah, die Platten ganz zu zerstören, bleibt ein Rätsel. Der Film *Pretty Baby* mit Keith Carradine, Susan Sarandon und Brooke Shields ist Bellocqs Arbeit gewidmet. Sein Gebrechen wurde dabei unter den Tisch gekehrt, denn man engagierte den hochgewachsenen, attraktiven Carradine für die Rolle Bellocqs – *ohne* Wasserkopf, Watschelgang und Quiekstimme.

Ein anderer Star in Storyville war Julia Jackson, eine Voodoo-Frau, die von den Mädchen der Nacht ständig konsultiert und sowohl verehrt wie auch gefürchtet wurde. Voodoo war die öffentlich praktizierte Religion in Storyville, und ihre Anhängerschaft glaubte unbeirrbar an ihre Macht. Julia war eine 1,80 Meter große Frau mit wildem Gesichtsausdruck. Sie schielte stark – für ihre naiven Jünger ein weiterer Beweis dafür, daß sie übersinnliche Fähigkeiten besaß. Am meisten wurde die sogenannte »sealing power« (die Kraft der Versiegelung) gefürchtet und besprochen. Dieser Fluch bewirkte bei einer Hure angeblich einen »Verschluß«, so daß sie ihr Gewerbe fortan nie mehr ausüben konnte. Laut dem Buch *Storyville, New Orleans* von Al Rose war die schlimmste Drohung, die eine Hure gegenüber einer anderen ausstoßen konnte, die Ankündigung, sie würde Julia Jackson dafür bezahlen, die andere zu »versiegeln«. Außerdem wurde erzählt, daß Julia aus der Ferne Menschen mit Geschlechtskrankheiten infizieren könne. Zu allem Überfluß war sie angeblich in der Lage sowohl spontane Abgänge als auch Schwangerschaften herbeizuführen. Wenn in Storyville ein Kind mit einem Makel geboren wurde, wurde es als vaterlos und Produkt eines Fluchs von Julia Jackson erklärt.

Es gab noch viele andere Voodoo-Frauen in Storyville. Dazu gehörte auch Eulalie Echo, die Patin von Jelly Roll Morton. Morton schrieb das Unglück, das ihn gegen

Ende seines Lebens heimsuchte, zu einem Großteil den Séancen von Eulalie zu, an denen er in seiner Jugend teilgenommen hatte. Aber die deklarierte Voodoo-Königin war Marie Laveau, die trotz ihrer kultischen Machenschaften immer eine gläubige Katholikin blieb. Mit über sechzig Jahren, als sie selbst ihre Liebesdienste nicht mehr anbot, pflegte Marie in ihrem Schaukelstuhl zu sitzen und den Rosenkranz zu beten, während sie über die lasziven heidnischen Riten wachte, die sie befehligte. Ihre Zeremonien wurden hauptsächlich von jungen weißen Männern besucht. Sie erschienen in der St. Ann Street in dem Bewußtsein, daß der ganze Voodoo-Zauber nach etwa einer Stunde in eine zügellose Sexorgie übergehen würde.
Viele Gerichte aus New Orleans standen in dem Ruf, jemanden »verhexen« zu können, und es wurden hitzige Diskussionen darüber geführt, welche am wirkungsvollsten seien. Die Artischocke wurde zum Aphrodisiakum erklärt, und Voodoo-Anhänger legten sie über Nacht nach draußen, damit sie »die Magie des Mondes aufsaugen« konnte. Dann wurden die Artischocken weichgekocht. Den zerdrückten Artischockenböden wurden dann Unmengen von feingehacktem rohem Knoblauch zugesetzt. Die so entstandene Paste war angeblich für die unterschiedlichsten Zwecke gut. Man konnte sich damit sowohl einen Ehemann angeln als auch den bereits vorhandenen loswerden.

Artischockencremesuppe

Wenn wir auch unsere Probleme mit den magischen Mondrezepten haben, empfehlen wir doch wärmstens die folgende Artischockensuppe, mit deren Hilfe man sich ebenfalls einen Ehemann angeln, ansonsten aber auch jeden anderen Mann – ob ledig oder nicht – erfreuen kann. Die Suppe schmeckt warm und kalt sehr fein.

2 große Artischocken, gekocht und abgekühlt
30 g Butter
1 kleine Zwiebel, geschält und in Würfel geschnitten
1 Knollensellerie, geschält und in Würfel geschnitten

30 g Mehl
3/4 l Hühnerbrühe
2–3 EL Zitronensaft
1/2 Lorbeerblatt
etwas gerebelter Thymian
1/4 l Sahne
Salz und weißer Pfeffer nach Belieben
4 Zitronenscheiben
2–3 EL frisch gehackte Petersilie

Das Fleisch von den Artischockenblättern abschaben, die Böden fein würfeln und beiseite stellen.
Die Butter in einem großen Topf zerlassen und Zwiebeln und Sellerie darin glasig dünsten. Mit Mehl bestäuben und unter ständigem Rühren eine Minute lang aufschäumen lassen. Mit Hühnerbrühe ablöschen, dann Zitronensaft, Lorbeerblatt, Thymian, Artischockenfleisch und -böden dazugeben. Zugedeckt 20 Minuten lang sanft köcheln lassen, bis die Suppe sämig geworden ist.
Dann mit einem Stabmixer fein pürieren. Die Sahne dazugeben, abschmecken und entweder noch einmal erwärmen oder kühlstellen, je nachdem ob die Suppe warm oder kalt serviert werden soll.
Kurz vor dem Servieren noch einmal mit dem Stabmixer kurz aufschäumen und die Suppe in tiefe Teller verteilen. Jeweils eine Zitronenscheibe darauflegen und mit gehackter Petersilie bestreuen.
(Ergibt 4 Portionen)

Obwohl sie die Voodoo-Königin war, verlor Marie Laveau offensichtlich nie den Kontakt zur lokalen Kirchenprominenz und ist auf dem St. Louis Cemetery No. 1 am Ende der Basin Street begraben. Auch Josie Arlington schaffte es, in der geweihten Friedhofserde begraben zu werden, und wurde in einer beeindruckenden Grabstätte aus rotem Marmor zur letzten Ruhe gebettet. Josie hatte sie sich für den Preis von

35.000 Dollar erbauen lassen, als sie nach einem verheerenden Feuer in der Arlington Hall in tiefe Depression verfallen war. Nur mit knapper Not war sie dem Feuertod entkommen und verbrachte die letzten Monate ihres Lebens mit düsteren Grübeleien über ihr Pech. Daneben nervte sie ihre Mitmenschen mit lauten und gewalttätigen Wutausbrüchen.

Nichtsdestotrotz war das Mausoleum, das sie zu dieser Zeit in Auftrag gab, wirklich eindrucksvoll. Am Eingang steht die Statue eines jungen Mädchens, das an die Tür zu klopfen scheint. Diese von Meisterhand gefertigte Statue sollte für Josies stolzes Bekenntnis stehen, daß kein Mädchen »jemals seine Jungfräulichkeit unter dem Dach des Arlington verlor«. Mit anderen Worten: Sie hatte niemals – zumindest ihres Wissens nach – eine Jungfrau eingestellt.

Das ist die ideale Überleitung zu unserem New Orleans Virgin Fizz, der keuschen Tochter des berühmten New Orleans Gin Fizz, der von einem Barkeeper im Imperial Hotel in den 80er Jahren des letzten Jahrhunderts erfunden wurde. Alle Ihre Freunde, die keinen Alkohol trinken, Cocktails aber trotzdem lieben, werden Ihnen dafür außerordentlich dankbar sein.

New Orleans Virgin Fizz

Saft einer 1/2 Zitrone
Saft einer 1/2 Limone
1 TL Sahne
1 TL Puderzucker
Mineralwasser mit Kohlensäure
1 Spritzer Orangenblütenwasser

Alle Zutaten bis auf das Mineralwasser in einem Shaker auf gestoßenem Eis gut schütteln. In ein Longdrinkglas abseihen, mit Mineralwasser auffüllen, umrühren und servieren.

Für diejenigen, die lieber einen alkoholischen Cocktail möchten, noch 4 cl Gin zugeben. Beide Versionen, ob jungfräulich oder nicht, schmecken wunderbar.

(Ergibt 1 Drink)

Josies Grab wurde zur Wallfahrtsstätte für Touristen. Das wurde ihren Verwandten nach einiger Zeit jedoch entschieden zuviel, und sie verkauften das Mausoleum und ließen Josie an einen bis heute geheimgehaltenen Platz umbetten. Wenn allerdings Philipp Lobano recht hat, ließen sie die sterblichen Überreste in einem anonymen Grab verscharren und sackten beim Verkauf des luxuriösen Grabmals eine Riesensumme ein. Lobano, Josies einstiger »Begleiter«, war immer dagegen gewesen, daß sie ihrer Familie Geschenke machte, die er als »Horde von Geiern« bezeichnete. Als ihr Zuhälter wollte er Josies ganze Einkünfte zu seiner eigenen Verfügung haben, aber zum Zeitpunkt ihres Todes war er längst aus dem Spiel. Jahre zuvor hatte ihn Josie hinausgeworfen, weil er bei einem Streit ihren Bruder getötet hatte. Josies originelle Grabstätte ist heute jedenfalls die letzte Ruhestätte eines gewissen J. A. Morales, und sein Name ist nun anstatt dem von Josie auf der Vorderseite eingraviert.

Von all den Storyville-Größen endete niemand auf traurigere Weise als Lulu White. Eine Version lautet, daß sie völlig verarmt auf einer Pritsche in einem Güterwagon auf dem Weg nach Alabama in ihre Heimat starb, wo sie ihre letzten Tage verbringen wollte. Diese Geschichte wurde zwar als von Moralisten erdacht entlarvt, aber es ist erwiesen, daß ihr ein dicker Batzen ihres Vermögens von George Killshaw geraubt wurde. Er war ein »Galan«, der als ihr Zuhälter, Geliebter und Berater in Geschäftsdingen 24 Jahre lang bei ihr gewohnt hatte. Der Zeitpunkt für seinen Treuebruch war gekommen, als Miss Lulu, die sündhaft reich und sehr ehrgeizig war, ein sehnsuchtsvolles Auge auf Hollywood geworfen hatte. Sie wollte die Besitzerin eines der großen Filmstudios werden und zugleich – warum nicht? – ein Filmstar! Sie und Killshaw hatten bereits eine Erkundungsreise in die Hauptstadt des Films unternommen und waren dort in einem eigens reservierten Eisenbahnwagon mit einer Fülle von Kostümen, allerhand esoterischer Ausstattung und uniformierten Dienern eingetroffen.
Wenn damals irgend etwas übertrieben wurde, dann war es das extravagante Essen und der exklusive Service im Speiseabteil der protzigen Eisenbahnwagons. Die Speisekarte war seitenlang, und ununterbrochen war ein Sommelier auf dem Sprung, der die erlesensten Weine und andere alkoholische Spezialitäten ausschenkte, von denen die meisten Passagiere vorher noch nie etwas gehört hatten. Die Preise waren immens hoch, und das Essen wurde auf Silber- und Kristallgeschirr serviert.

Typisches Tagesmenü in einem privat zu reservierenden Eisenbahnwagon:

Bouillon mit Sherry
Gesalzener Kabeljau
Tauben »à la Mode«
Beefsteak mit französischen Rübchen
Kaninchenterrine
Kalbsnierenbraten
Kartoffeln mit Sahne
Kartoffeln nach Art des Chefs
Gedünstete Tomaten
Grüne Bohnen
Schwarzwurzeln
Beaten Biscuits
Harlekin-Flammeri
Apfelkompott
Rum-Schokoladen-Soufflé
Mandeltorte
Kaffee und Tee
Bier/Wein/Likör

Nach New Orleans zurückgekehrt traf Lulu die letzten Vorbereitungen für ihr Vorhaben, in Hollywood Immobilien und Studiogebäude zu kaufen. Im Januar 1907 schickte sie Killshaw mit 150.000 Dollar in bar nach Kalifornien, um den Handel perfekt zu machen. Ob er jemals in Kalifornien ankam oder nicht, weiß bis heute niemand. Tatsächlich hat niemand jemals wieder etwas von ihm gesehen oder gehört. Da er extrem gut aussah, charmant und hellhäutig war, nahm man an, daß er einfach Lulus Geld genommen und sich unter die weiße Gesellschaftsschicht gemischt hatte, was ihm sicher nicht schwergefallen war. Lulu litt ganz offensichtlich sehr, startete aber keinen Versuch, Killshaw und ihr Geld ausfindig zu machen. Schließlich war sie keine schlechte Verliererin! Im darauffolgenden Jahr ließ sie ganz nah bei der Mahogany Hall an der Ecke Bienville und Basin Street einen Salon bauen. Das Gebäude steht heute noch dort. Sie selbst führte weiterhin mit immer weniger Erfolg die Mahogany Hall,

bis der ganze Rotlichtbezirk schließlich auf Anweisung des Bundesstaates im Jahre 1917 geschlossen wurde.
Storyville existierte nicht mehr, und der Stadt blieben nur noch die kulinarischen Genüsse. Wenn auch die unbeschreiblichen Bordelldamen New Orleans zur Hauptstadt der Gaumenfreuden gemacht hatten, so war ihnen doch von den Chefköchen, die die Küche der Stadt zu olympischen Höhen führten, entscheidende Hilfe zuteil geworden. Diese wiederum profitierten von den essensbegeisterten Köchen und Unternehmern jeder Couleur, zu denen auch die temperamentvollen Straßenverkäufer gehörten. In der Tat war es ein kleiner Händler mit seinem Karren, der in New Orleans die Begeisterung für Austern weckte, indem er die häßlichen kleinen Weichtiere einfach zu Aphrodisiaka erklärte. Er verkaufte nämlich auf Eis liegende Austern, die mit einer würzigen Sauce, die er selbst kreiert hatte, aus der Hand geschlürft werden konnten. An einem ruhigen Sommertag wollte er das Geschäft etwas ankurbeln und schrieb auf ein kleines Schild:

»Verbessern Sie Ihr Liebesleben!
Schlürfen Sie köstliche Austern – 6 Stück 50 Cent.«

Sein Vorrat war schneller verkauft als je zuvor, die Sache machte die Runde, und schon war eine Legende geboren. Nach Meinung der Ernährungswissenschaftler von heute steckte hinter seinen Worten jedoch mehr als nur Verkaufstalent. Austern sind nämlich sehr zinkhaltig, und Zink fördert die sexuelle Leistungsfähigkeit.
Im folgenden finden Sie zwei weitere Gründe, die sexy kleinen Austern zu lieben!

Austern mit Maisdeckel

250 g Maiskörner, frisch vom Kolben
1 Ei
60 g Mehl
Salz und Pfeffer nach Belieben
1 Spritzer Tabasco
500 g große Austern (ohne Austernwasser)
Öl zum Ausbacken

Maiskörner in eine Schüssel geben. Das Ei verquirlen und mit dem Mehl unter die Körner mischen. Mit Salz, Pfeffer und Tabasco würzen. Jede Auster mit einem Eßlöffel dieser Mischung umhüllen.
In einer Friteuse oder tiefen Pfanne reichlich Öl erhitzen und die Austern darin goldbraun backen. Mehrmals wenden und sofort servieren.
(Ergibt 4–6 Portionen)

Austerncurry

Dieses Gericht wird oft mit Reis serviert. Zu speziellen Anlässen wurden in New Orleans damals mit diesem köstlichen Austerncurry jedoch Blätterteigpastetchen gefüllt und mit etwas Chutney garniert.

1 EL Butter
1 TL sehr feingehackte Zwiebel
1 EL Mehl
2 TL Currypulver
1/8 l Austernwasser
100 ml Milch
Salz und Pfeffer nach Belieben
1 kg ausgelöste Austern (ohne Schalen und Austernwasser)

Die Butter in einem Topf zerlassen und Zwiebel, Mehl und Currypulver darin anschwitzen. Mit Austernwasser und Milch ablöschen, würzen und sämig einkochen lassen. Dann die Austern hineingeben und 3 bis 4 Minuten darin erhitzen. Die Austern müssen prall aussehen und sich am Rand leicht kräuseln.
(Ergibt 6–8 Portionen)

3 The Big Apple und Eva

Bereits im Jahr 1733 übten in New York »leichte Mädchen« ihr Gewerbe aus. Dann kreuzte Greit Reyneirs dort auf, ein Barmädchen aus Amsterdam, das hoch hinaus wollte. Für ihre Berufsschwestern im horizontalen Gewerbe wurde sie sehr rasch zum Vorbild. Sie heiratete einen Dänisch-Marokkaner, genannt Turk (er war in Fez geboren), und eröffnete gemeinsam mit ihm eine Bar, die ihr als der geeignete Ort erschien, potentielle Kunden kennenzulernen. Doch aus den potentiellen Kunden wurden sehr rasch reale Freier, und das findige Barmädchen mußte eine ganze Schar Mädchen als Aushilfen einstellen und schließlich auch beherbergen. So bekam Greit schnell den dubiosen Titel »First Madam of the Brave New World« (»Erste Madam der schönen Neuen Welt«) verpaßt. In Anbetracht von Greits durchschlagendem Erfolg als Unternehmerin wagten auch andere rührige Frauen die Geschäftsgründung. Mit einem Einsatz, der die Monatsmiete für ein paar Zimmer kaum überstieg, wurden sie ebenfalls zu »Madams«, und das Geschäft mit dem Sex nahm im Big Apple seinen Lauf.
Der sogenannte Bounce ist ein Drink, der zu Kolonialzeiten aufkam. Er wurde »gebraut«, indem man irgendein hochprozentiges Getränk wie etwa Rum über gezuckerte Früchte gibt und die Mischung dann gären läßt. Obwohl New York zu Greit Reyneirs Zeiten noch nicht unter dem Namen The Big Apple bekannt war – ganz im Gegenteil, es hieß sogar noch New Amsterdam –, wurde das Hausgebräu aus Äpfeln, das den Anstoß zu diesem Rezept gab, von den Kolonisten doch außerordentlich geschätzt. Überraschen Sie Ihre Freunde mit diesem Rezept – der Rausch wird unvergeßlich sein!

Big Apple Bounce

2 kg aromatische Äpfel
2 unbehandelte Zitronen, mit der Schale in Scheiben geschnitten
450 ml Ahornsirup
3 Zimtstangen
10 ganze Gewürznelken
1 l Rum
Wasser

Die Äpfel halbieren, entkernen und mit der Schale in kleine Stücke schneiden.
Mit den übrigen angegebenen Zutaten, mit Ausnahme des Wassers, in ein großes Steingut- oder anderes nichtmetallisches Gefäß geben und gründlich vermischen. Soviel Wasser dazugeben, daß die Äpfel bedeckt sind.
Mit einem Tuch bedecken und mindestens eine Woche lang bei Zimmertemperatur stehenlassen. Sobald die Mischung zu gären beginnt, abseihen und gut gekühlt servieren. Den Rest in Flaschen abfüllen.
(Ergibt etwa 2, 5 Liter)

Natürlich können die Äpfel auch durch andere Früchte oder Beeren ersetzt werden. Besonders empfehlen wir Pfirsiche und Kirschen.
Kunden, die in Greits Haus neu waren, tranken sich mit Fruit Bounce erst einmal Mut an.

Im Jahre 1744 war die Battery zum Hauptumschlagplatz käuflicher Liebesdienste geworden. Die sogenannte Battery liegt am westlichen Südzipfel Manhattans und ist heute ein beliebter Freizeitpark. Das Gebiet entstand durch die erste Landaufschüttung holländischer Siedler in der Bucht von New York. Das Geschäft lief so gut, daß ein gewisser Robert Dale Evans, der damals Volkszählungen durchführte, folgende Rechnung aufstellte: Wenn jede Prostituierte in diesem Gebiet am Tag nur drei Kunden bediente, so hätte die Anzahl der »Dienstleistungen« pro Jahr die Zehn-Millionen-Grenze überschritten.
Ein Reformer, den man als den Reverend McDowell entlarvte, versuchte, den käuflichen Damen das Geschäft zu vermiesen. Fein säuberlich sammelte er die Namen und Adressen aller in der Battery bekannten Prostituierten. Dann veröffentlichte er sie in seinem moralistischen *McDowell's Journal* – und erreichte damit genau das Gegenteil: Seine gutgemeinte Publikation wurde als das »Hurenhaus-Verzeichnis« bekannt. Vor allem bei Touristen war es äußerst begehrt, und die Hotelpagen handelten es zu einem stolzen Preis.

Bester und einfachster Schmorbraten der Welt

Für die ersten amerikanischen Siedler war das Leben hart und mit vielen Mühen verbunden. Ihr Essen war im allgemeinen schlicht und einfach. Schlicht und einfach könnte man wohl auch die meisten Schmorbratenrezepte nennen. Es kann jedoch gut sein, daß Sie das folgende Ihren Kindern und Kindeskindern später einmal als das beste Schmorbratenrezept der Welt hinterlassen. Es ist nämlich ein Gericht, bei dem einfach jeder ins Schwärmen kommt und von dem man nie genug kriegen kann.

1,2 kg Rinderrollbraten
Salz und Pfeffer nach Belieben
3 EL Öl
6 Knoblauchzehen, geschält
500 ml Preiselbeersaft

Den Braten mit Salz und Pfeffer würzen.
Das Öl in einem großen Bräter erhitzen und den Braten von allen Seiten darin anbraten. Knoblauchzehen und Preiselbeersaft dazugeben und zugedeckt im 160° C heißen Backofen bei schwacher Hitze 2 bis 2 1/2 Stunden schmoren lassen. Dabei gelegentlich wenden und mit der Sauce begießen.
(Ergibt 6–8 Portionen)

Tip: Servieren Sie diesen Schmorbraten mit breiten Nudeln oder Kartoffeln. Beim Braten entsteht jede Menge herrliche Sauce. Knoblauch und Preiselbeersaft lassen eine süß-saure Geschmacksnote entstehen.

Im Jahre 1836 wurde die Prostitution dann mit einem Schlag landesweit zum Gegenstand öffentlicher Diskussionen. Das begehrteste Mädchen des ganzen Gewerbes war in ihrem Bett erschlagen aufgefunden worden, die Laken rundherum standen lichterloh in Flammen. Das Opfer hieß Helen Jewett, bekannt als »the Lady in Green« (die Dame in Grün). Sie hatte stets extravagante grüne Abendkleider getragen, wenn sie von einem Treffpunkt der Stadt zum nächsten zog und nur halt machte, um zu speisen oder zu tanzen.

Helen hatte in dem begehrtesten Bordell von New York residiert, nämlich dem von Madam Rosina Townsend. Als ans Tageslicht kam, daß ihr ständiger Liebhaber Richard P. Robinson zumindest einen Teil von Helens letztem Abend in ihrem Zimmer verbracht hatte, wurde er sofort des Mordes angeklagt. Aber obwohl die Beweislast erdrückend war, wurde er letztendlich doch freigesprochen. Die Regenbogenpresse nutzte die Gunst der Stunde, schmückte jedes Detail des grausigen Verbrechens lebhaft aus und erfand, als sich der Fall hinzog, ständig neue gespenstische »Enthüllungen«. Aus der »Lady in Green« wurde »The Green Goddess« (die Grüne Göttin), und ihr tragisches Ende entmutigte ihre sündigen Schwestern nicht im mindesten. Im Gegenteil: Ihre Verherrlichung in der Presse inspirierte sie eher, und einige von ihnen schienen sich sogar im Widerschein ihres Glanzes sonnen zu wollen.

Grüne französische Erbsensuppe

Diese außergewöhnliche Suppe erinnert zumindest in der Farbe an die »Lady in Green«. Sie eignet sich als delikate Vorspeise für ein festliches Dinner. Allerdings ist sie so schnell und einfach zuzubereiten, daß Sie versucht sein werden, sie als Farbtupfer in ihren täglichen Speisenplan aufzunehmen.

2 Packungen (600 g) TK-Erbsen
2 Zwiebeln, geschält und in Würfel geschnitten
700 ml Hühnerbrühe
Salz und Pfeffer nach Belieben
1/4 l Sahne
6–8 frische Minzezweige zum Garnieren

Erbsen, Zwiebeln und 2/3 der Hühnerbrühe in einen großen Kochtopf geben. Halb mit dem Deckel verschließen und bei mittlerer Hitze etwa 10 Minuten köcheln lassen. Erbsen und Zwiebeln sollen weich sein. Mit dem Stabmixer oder im Mixer fein pürieren und mit Salz und Pfeffer abschmecken.
Dann mit der restlichen Hühnerbrühe und der Sahne vermischen und erneut erwärmen. Dabei so lange rühren, bis die Suppe geschmeidig ist und die gewünschte Konsistenz hat. Jede Portion mit einem frischen Minzezweig garnieren.
(Ergibt 6–8 Portionen)
Tip: Diese knallgrüne Suppe kann auch kalt serviert werden.

Das Geschäft mit der käuflichen Liebe blühte noch lange. Die wirklich berühmt gewordenen Salonhäuser aber florierten vor allem zwischen 1880 und 1910. Prominente Gestalten aus späteren Zeiten, wie z.B. Polly Adler, überlassen wir für dieses Mal ihrem Schicksal und der Geschichte. Für uns ist es zweckdienlicher und sicherlich auch amüsanter, über die früheren Damen zu schreiben.
Da gab es zuallererst die geheimnisvolle Dame, die die Leitung von »The Seven Sisters« innehatte, einer Reihe von sieben Häusern aus hellbraunem Sandstein auf der Westseite der 25th Straße zwischen der 6th und 7th Avenue. Dieser historisch bedeutende Bezirk ist heute ein Teil des eher vornehmen Viertels Chelsea. Es kursieren zahlreiche Geschichten über das Septett von Vergnügungstempeln. Einer Version zufolge hatte eine junge Frau, die in diesem Stadtviertel ein Bordell besaß, ganz schnell ein Vermögen gemacht. Sie überredete ihre sechs Schwestern, ebenfalls ihr Zuhause in Neuengland zu verlassen und eigene Häuser neben dem ihren zu eröffnen, so daß sie sich das lukrative Geschäft teilen konnten.
Ob es sich nun um lauter Schwestern handelte oder nicht, auf jeden Fall war ein besonders gerissenes Frauenzimmer erklärtermaßen die Direktorin des Ganzen. Jeden Morgen machte »Madam Manager«, deren Identität peinlich gehütet wurde, ihre Runde durch alle Hotels der Stadt, die von Größen aus Industrie und Politik heimge-

sucht wurden. Die Portiers in den Hotellobbys begrüßten sie aufs Herzlichste, da sie häufig von wohlhabenden Hotelgästen (die meist mit Trinkgeld nur so um sich warfen) nach den in New York vorhandenen Amüsements gefragt wurden. Die geheimnisvolle Dame hinterließ also bei den Portiers zur geflissentlichen Verteilung Einladungen mit Prägeschrift, aus denen unter anderem hervorging, daß angemessene Kleidung für die Gäste aller Seven-Sisters-Häuser obligatorisch war.

Champagner, das einzige alkoholische Getränk, das in den sieben Häusern überhaupt ausgeschenkt wurde, wurde in Unmengen konsumiert, vor allem zu den Vorspeisen in Hülle und Fülle. Wenn ein Herr jedoch richtig zu speisen wünschte, wurde ein Festmahl (für zwei) von einem nahegelegenen Restaurant geordert und zu einem übertrieben hohen Preis serviert.

Josephine Wood, eine zurückhaltende und prätentiöse Einzelgängerin, stellte eine angemessene Konkurrenz für die Seven Sisters dar. Ihr »Herrenhaus« am Clinton Place westlich des Broadways war sogar noch eine Spur exklusiver. Ein stämmiger Butler war an der Eingangstüre aus geschnitztem Mahagoni und Milchglas als Türsteher postiert und gestattete nur Herren von enormem Reichtum oder besonders herausragendem politischen Status den Zutritt. Um eingelassen zu werden, mußten sogar diese Gentlemen dem Hause persönlich bekannt sein oder eine Empfehlung vorweisen können. Madam Wood gab den Herren die Möglichkeit zur Vorbesichtigung der zur Verfügung stehenden »Ware«. Alle ihre Mädchen waren dazu im Empfangszimmer versammelt, wo die Gäste Champagner schlürften und dabei ihre Auswahl aus der Parade der Schönheiten trafen – die alle äußerst attraktiv waren, von denen aber kaum eine lesen und schreiben konnte. (Aber wer muß das schon, bei einem durchschnittlichen Verdienst von 200 Dollar am Abend?)

Eine zusätzliche Attraktion im Woodschen Etablissement war ein elegantes Dinner, das jeden Abend von einem der besten Küchenchefs der Stadt direkt im Hause zubereitet wurde. Weil das Interesse am Essen damals nicht mehr so sehr auf den häuslichen Herd und Mahlzeiten im Kreise der Familie gerichtet war, sondern man lieber, von entsprechendem Entertainment begleitet, verschwenderisch außer Haus dinierte, war die sogenannte *chafing dish* (eine Art Wärmepfanne) sehr populär geworden. New York geriet allmählich in Fahrt! Die Restaurants und die Dining Rooms der Hotels florierten. Überall war das große Geld – und wurde nirgends mit größerer Selbstverständlichkeit zur Schau gestellt als bei Josephine's. Dort stand stets eine imposante chafing dish aus Silber, die nicht nur einen Eindruck von Eleganz vermittelte, sondern auch all die schmackhaften Speisen für lange Zeit warm hielt. Denn wer konnte schon ahnen, wann einen Kunden der Hunger überfallen würde? Ein damals äußerst beliebtes Gericht war der folgende »beschwipste Eintopf«, der voller Geschmack und Aroma ist, ganz wie der Staat, nach dem er benannt wurde (Empire State ist der Beiname des Staates New York). Er kann sehr gut mit einer Wärmepfanne warm gehalten und – wenn nötig – wieder erhitzt werden.

Empire State Stew

1 Scheibe Speck, in Würfel geschnitten
1 Zwiebel, geschält und in Würfel geschnitten
1 Knoblauchzehe, geschält und feingehackt
250 g mageres Schweinefleisch, in Streifen von 1 × 5 cm geschnitten
250 g mageres Rindfleisch, in Streifen von 1 × 5 cm geschnitten
250 g mageres Lammfleisch, in Streifen von 1 × 5 cm geschnitten
1 EL Paprikapulver
1 TL Kümmelsamen
1 Dose geschälte Tomaten (450 ml)
1/8 l trockener Weißwein
250 g Lauch, in Julienne geschnitten
4 cl Gin
1/8 l saure Sahne
Salz und Pfeffer nach Belieben

Die Speckwürfel in einem großen Topf knusprig braten. Mit einem Schaumlöffel herausnehmen und Zwiebelwürfel und Knoblauch in dem Ausbratfett anbraten. Ebenfalls herausnehmen und das Fleisch in dem Topf leicht anbräunen. Dann Zwiebeln und Knoblauch zusammen mit Paprika, Kümmel, Tomaten und Weißwein wieder in den Topf geben und alles gut vermischen. Zugedeckt 2 Stunden lang köcheln lassen,

dabei hin und wieder prüfen, ob das Fleisch noch ausreichend von Flüssigkeit bedeckt ist, ansonsten Wein oder Wasser zugeben.
Zum Schluß Lauchstreifen, Gin und saure Sahne dazugeben. Den Topf mit dem Deckel verschließen und alles erwärmen, aber nicht mehr kochen lassen! Am besten in einer Warmhalteschüssel servieren oder auf eine Wärmeplatte stellen, damit das Gericht auch während des Essens heiß bleibt. Dazu schmeckt Reis oder Toast.
(Ergibt 4–6 Portionen)

Tip: Die sogenannte »chafing dish« ist in Wirklichkeit keine Erfindung der Neuzeit, sondern geht bis auf die Zeiten von Pompeji zurück. In den USA ist sie in den Kreisen vornehmer Gastgeberinnen momentan wieder sehr populär. Wenn auch Sie Ihre Speisen gerne warm halten möchten, bevorzugen Sie vielleicht eine elektrische Wärmeplatte. Sie wurde in den fünfziger Jahren von dem einfallsreichen Erfinder Lew Salton entwickelt. Er war ziemlich zerstreut und kam ständig zu spät zum Essen. Deshalb entwarf er die Wärmeplatte für seine Frau, und als sie dann später in Serie ging, wurde sie nach ihm benannt und ist heute in Amerika als Salton Hot Tray bekannt.

Die Prostitutionsszene von New York wurde schließlich mit der Ankunft von Victoria Woodhull völlig aus dem Gleichgewicht gebracht. Wie ein Wirbelsturm fegte sie durch die Stadt und predigte ihre persönliche Lehre, die auf den drei Säulen Feminismus, Spiritualismus und freie Liebe beruhte. Das brachte die Damen des Gewerbes völlig aus dem Konzept. Diese freizügige Neuangekommene war offensichtlich dafür, daß Sexualität ohne jede Einschränkung ausgelebt werden sollte. Mit äußerster Redegewandtheit kämpfte sie auch dagegen, daß Freudenhausbesitzerinnen von der Polizei belästigt wurden. Sie ging sogar soweit, die Herren von der Polizei wegen ihrer »Razzien«, bei denen sie nur allzu gerne die Hand aufhielten, zu denunzieren. Trotzdem erstarrten die Damen und ihre Kostgängerinnen bei einem Begriff, den keine Pro-

fessionelle, die etwas auf sich hielt, so einfach widerspruchslos hinnehmen konnte: *»Freie Liebe«*. Hatten sie nicht schon gegen genug stümperhafte Konkurrenz zu kämpfen, auch ohne diese vorlaute Verfechterin umsonst dargebotener Liebe?

Obwohl Victoria Woodhull es wohl gar nicht so meinte, machte ihre hitzige und oft etwas verworrene Rhetorik es für jedermann äußerst schwierig zu verstehen, was sie denn wirklich sagen wollte. Sie jedoch kümmerte das alles überhaupt nicht, denn sie war auf die öffentliche Meinung gar nicht angewiesen. Schließlich hatte sie etwas viel Besseres, nämlich eine spitze Zunge, eine ebensolche Feder, und sie genoß das Wohlwollen von niemand Geringerem als dem Kommodore Cornelius Vanderbilt, dem reichsten Mann Amerikas.

Wenn man M. M. Marberrys Buch *Vicky, a Biography of Victoria Woodhull* Glauben schenkt, wurde der Kommodore mit 76 Jahren zunehmend exzentrisch: »Von Gram über den Tod seines jüngsten Kindes gebeugt, wandte er sich dem Spritualismus, Mesmerismus und der Hellseherei zu, die in den siebziger Jahren des 19. Jahrhunderts gerade groß in Mode waren. Mit Hilfe verschiedener Medien hatte er außerdem Kontakt zu den Seelen einiger Verstorbener aufgenommen.«

Vanderbilt war von Victoria und ihrer Schwester Tennie C. (sprich: Tennessee) Claflin sofort äußerst angetan. Die beiden stammten »von irgendwoher aus dem Mittleren Westen« und kamen offensichtlich mit einem Haufen Geld in New York an. Gemeinsam stürzten sie sich ins Bankgeschäft und wurden zu den ersten weiblichen Brokern der Stadt. Da damals normalerweise keine Frau einen Vorstoß in das Geschäftsleben jedweder Art wagte – und schon gar nicht ins Bank- und Börsengeschäft –, war jedermann geschockt davon. Nicht so Vanderbilt. Der alte Kommodore fand es äußerst amüsant, wie sich die beiden auf skandalöse Weise über gängige Moralvorstellungen und Gepflogenheiten hinwegsetzten. Ihre vorwärtsstürmende Art gefiel ihm außerordentlich gut, und auch ihre Fähigkeiten bei der Levitation, beim Tischerücken und bei der Kontaktaufnahme zu den Seelen Verstorbener schätzte er sehr. Durch solchen Hokuspokus waren sie ihm ursprünglich aufgefallen.

Da der Woodhull-Claflin-Haushalt ständig von einer Schar gestörter Familienmitglieder, radikaler Freunde und im Haus lebender Dienstboten belagert wurde, gingen die Schwestern zum Essen gewöhnlich aus. Sie hatten ein Herrenhaus in der 15 East 38th Street gemietet, um diese Bande von insgesamt 24 Leuten dort unterzubringen (zu der Victorias erster Ehemann genauso gehörte wie der zweite), aber die rührigen Schwestern selbst hielten sich selten dort auf. Im Astor war ständig ein Tisch für sie reserviert und genauso regelmäßig verkehrten sie bei Delmonico's, Sherry's und anderen Restaurants, die damals in Mode waren. Marberry merkt dazu an: »Sie bestellten oft das typische Frühstück reicher Leute: *Pâté de Foie Gras* und Champagner.«

Hühnerleber-Pastete

Gänseleberpastete bestand damals aus zwanzig und mehr Zutaten, und ihre Zubereitung dauerte mehrere Stunden. Wer mag heute dafür wohl noch die Zeit und Geduld haben? Der nachfolgende simple Ersatz ist deshalb ein Gottesgeschenk für die eilige Gastgeberin von heute. Das schnell zubereitete, köstliche Gericht erobert garantiert alle Herzen!

60 g Butter
2 Zwiebeln, geschält und in Würfel geschnitten
2 Knoblauchzehen, geschält und fein gehackt
1 TL frisch gerebelter Thymian
500 g Hühnerleber
1/4 l trockener Weißwein
10 cl Brandy
1/2 TL gemahlene Pimentkörner
1 EL Crème double
Salz und Pfeffer nach Belieben

Die Butter in einer mittelgroßen Pfanne zerlassen und Zwiebeln, Knoblauch und Thymian darin anschwitzen. Zugedeckt bei schwacher Hitze 20 bis 30 Minuten lang dünsten, bis die Zwiebeln weich und leicht gebräunt sind. Die Hühnerleber waschen, säubern und zugeben. Mit dem Wein ablöschen und etwa 10 Minuten köcheln lassen. Die Hühnerleber sollte innen noch leicht rosa sein.
Mit Brandy begießen, mit Piment würzen und im Mixer rasch zu einer geschmeidigen Paste verarbeiten. Die Crème double dazugeben und mit Salz und Pfeffer würzig abschmecken. In eine Terrine mit etwa 1/2 l Inhalt füllen und zugedeckt über Nacht in den Kühlschrank stellen.
(Ergibt etwa 6–8 Portionen)

Sauce Hollandaise

120 g Butter
3 Eigelb
1 EL Zitronensaft
2 EL heißes Wasser
Salz, etwas Cayennepfeffer

Die Butter zerlassen. Die Eigelbe über einem heißen Wasserbad mit dem Schneebesen schaumig schlagen. Den Zitronensaft dazugeben und dann nach und nach in einem dünnen Strahl die geschmolzene Butter unterschlagen. Vorsichtig das heiße Wasser unterrühren und mit Salz und Cayennepfeffer würzen. Danach noch eine Minute lang weiterrühren, die Sauce aber auf keinen Fall mehr kochen lassen. Sofort servieren.
(Ergibt ca. 1/4 l Sauce)
Tip: Man rettet eine geronnene Hollandaise, indem man einen Teelöffel heißes Wasser tropfenweise mit dem Schneebesen einarbeitet.

Eier »Benedict Manhattan«

Viele heute noch in den USA beliebte Küchenklassiker wurden von Küchenchefs der damaligen Zeit erfunden und sofort von den edleren Freudenhäusern, die auch Mahlzeiten servierten, abgekupfert. Es ist ungewiß, ob die Eier Benedict in Delmonico's Restaurant oder in der renommierten Küche des Waldorf-Astoria kreiert wurden. Auf jeden Fall sind sie ein typisches New Yorker Gericht und eignen sich ganz vorzüglich für einen Brunch am »Morgen danach« oder als Snack zu jeder Tages- und Nachtzeit. Natürlich müssen Sie keinen Champagner dazu trinken, aber er schmeckt einfach köstlich dazu.

2 Muffins oder Milchbrötchen
4 Scheiben Frühstücksspeck
1–2 EL Essig
Salz
4 Eier
Salz und Pfeffer nach Belieben
Sauce Hollandaise (siehe vorhergehendes Rezept)
2 TL Beluga- oder Sevruga-Kaviar

Die Muffins oder Brötchen halbieren und die Schnittflächen toasten. Den Frühstücksspeck ohne Fett in einer Pfanne kross anbraten und auf die Muffins legen.
Für die verlorenen Eier Salzwasser mit Essig zum Kochen bringen und nacheinander die Eier mit Hilfe einer Schöpfkelle aufschlagen und in das heiße Wasser gleiten lassen. 3–5 Minuten gar ziehen lassen, das Wasser darf dabei auf keinen Fall kochen. Die gegarten Eier mit einem Schaumlöffel herausnehmen und mit Salz und Pfeffer würzen. Auf jede Speckscheibe ein Ei legen, Sauce Hollandaise darüberträufeln und mit etwas Kaviar garnieren. Sofort servieren.
(Ergibt 4 Portionen)

Waldorf-Salat

Sehr wohl gesichert ist dagegen die Herkunft dieses Dauerbrenners. Was auch immer die Hotelköche auf die Idee brachte, es funktioniert jedenfalls, denn auch nach hundert Jahren ist der Waldorf-Salat immer noch ein Standardgericht. Die folgende Version bekommt durch die Zugabe von weißen Trauben und etwas Currypulver eine neue Note.

3 Äpfel
1 EL Zitronensaft
250 g Sellerieknolle
100 g Walnüsse, grob gehackt
100 g kernlose weiße Trauben, halbiert
120 g leichte Mayonnaise
1/2 TL Currypulver
einige Kopfsalatblätter, ganz oder in schmale Streifen geschnitten

Die Äpfel vierteln, entkernen und mit der Schale quer in dünne Scheiben schneiden. In eine Schüssel geben und mit dem Zitronensaft beträufeln. Sellerie schälen und in dünne Scheiben, dann in kleine Würfel oder feine Streifen schneiden. Mit den Äpfeln vermischen und die Walnüsse und Trauben zugeben. Mayonnaise und Currypulver verrühren und mit den Salatzutaten vermischen. Die einzelnen Portionen auf in Streifen geschnittenem Kopfsalat anrichten oder den Waldorf-Salat in eine mit Kopfsalatblättern ausgekleidete Schüssel geben.
(Ergibt 4 Portionen)
Tip: Experimentieren Sie mit verschiedenen Apfelsorten, mal süß, mal eher säuerlich. Statt der Walnüsse können Sie auch Mandelsplitter oder gehackte Pekannüsse verwenden. Wichtig ist auf jeden Fall, daß die Äpfel knackig sind.

Vichyssoise

Zollen Sie dem Chefkoch eines anderen Hotels, nämlich des Ritz-Carlton, ebenfalls Ihren Respekt für die Erfindung dieser samtigen Kartoffel-Lauch-Suppe, die kalt serviert wird. Dieses Rezept hat weniger Kalorien als das Originalrezept, schmeckt aber nicht minder gut!

2 Kartoffeln, geschält und in Würfel geschnitten
4 Lauchstangen, gründlich gewaschen und in Ringe geschnitten
2 Selleriestangen, in Scheiben geschnitten
1,2 l Hühnerbrühe
250 ml Naturjoghurt
Salz und Pfeffer nach Belieben
frisch geriebene Muskatnuß
dünne Zitronenscheiben zum Garnieren

Kartoffeln, Lauch, Sellerie in einen Kochtopf geben, mit Hühnerbrühe begießen und bei mittlerer Hitze etwa 30 Minuten köcheln lassen, bis das Gemüse gar ist. Abkühlen lassen, dann mit dem Stabmixer fein pürieren. Den Joghurt unterrühren und mit Salz, Pfeffer und Muskat würzen. Die Suppe in eine Schüssel gießen und zugedeckt für einige Stunden oder über Nacht im Kühlschrank kaltstellen. Abschmecken und jede Portion mit einer Zitronenscheibe garnieren.
(Ergibt 6 Portionen)
Tip: Eine andere Farb- und Geschmacksnote bekommt die Suppe, wenn man 5 Minuten vor Ende der Kochzeit etwa 400 g frische, gründlich gewaschene Spinatblätter dazugibt.

Der wahrscheinlich beste Freund der Damen des Gewerbes um die Jahrhundertwende war Diamond Jim Brady, dessen legendärer Appetit nur noch von seiner enormen Großzügigkeit übertroffen wurde. Er half in Notfällen stets gerne mit einem Kredit aus, und wenn den Nutznießerinnen seiner Freigiebigkeit die Rückzahlung dann ungelegen kam, besaß er genug Taktgefühl, um den Schuldschein zu zerreißen. Zusätzlich war er ein äußerst verschwenderischer Gastgeber, der seine Begleiterinnen keineswegs nach ihrer Tugendhaftigkeit auswählte.
Parker Morell schreibt in seinem Buch *Diamond Jim, The Life and Times of James Buchanan Brady*, daß Weintrinken und Dinieren in jenen Tagen einer Kunst gleichkam, bei der die exquisite Küche der Hotels eine tragende Rolle spielte. Dinners mit sage und schreibe 14 Gängen waren nichts Besonderes. Fast immer wurden sie mit sogenanntem »hock« (weißem Rheinwein, besonders Hochheimer) und Austern eingeläutet. Dann folgten zwei Suppengänge mit einer klaren und einer gebundenen Suppe. Anschließend wurden Vorspeisen gereicht: »Timbales, Palmettes, Schaumbrötchen, knusprig überbackene Pasteten, Blätterteigpastetchen und ähnliches«. Danach ein Fischgang, »der zum Beispiel aus Schildkröte, wiederum Austern, Krabben, Hummer, Garnelen oder Froschschenkeln bestand«. Der nun folgende Braten war oft ein »Lamm-, Kalbs-, Hammel- oder Antilopenrücken; oder auch Truthahn, Gans oder Kapaun mit ein oder zwei Gemüsesorten als Beilage«.

Morell beschreibt, daß nach dem Braten eine kleine Pause eingelegt wurde. Man servierte Mixgetränke oder Sorbet, wahrscheinlich damit sich das bereits Verzehrte setzen konnte und um Platz für die nachfolgenden Köstlichkeiten zu schaffen. Der erste Gang der zweiten Hälfte des Dinners bestand aus Reh, Hirsch oder Antilope, sofern diese Wildarten nicht in der ersten Runde auf den Tisch gekommen waren, und aus anderen extravaganten Wildgerichten wie Wildente, Gans, Wildhuhn, Präriehuhn, Wildhase, Rebhuhn, Fasan, Taube, wildem Truthahn oder Waldschnepfe.
Dann widmeten sich die Dinierenden warmen Süßspeisen wie Beignets, Puddings, Pfannkuchen, Omeletts oder Soufflés und schließlich den kalten Nachspeisen wie Fruchtgelees, Cremes, Flammeris und Charlottes. Als zusätzlicher Dessertgang wurde ein Käsesortiment gereicht mit Früchten jeder Art – frisch, getrocknet, eingemacht und kandiert – sowie Pralinees, Frucht- und Sahneeiscreme und feinste Kuchen. Zum Abschluß gab es dann noch französischen oder türkischen Kaffee, Zigarren für die Herren und eine edle Auswahl an Likören für jedermann.
Obwohl Diamond Jim selbst nie Alkohol trank, sorgte er doch dafür, daß seinen Gästen während des Essens Champagner, Sauternes, Sherry, Rheinwein, roter Bordeaux, Burgunder und Port in Strömen serviert wurde, während er selbst literweise Orangensaft trank. Der Bonvivant mit dem großen Fassungsvermögen aß an sieben Abenden in der Woche Menüs wie das beschriebene. Dabei verschlang er laut Morell drei oder vier Portionen von jedem Hauptgericht unter den 14 Gängen und zum Schluß fast eine ganze Schachtel Pralinen. Dann nahm er sich noch kiloweise Süßigkeiten mit ins Theater und machte sich ein Vergnügen daraus, sie passend zum Stück, das gegeben wurde, auszuwählen. Seiner Meinung nach harmonierten Bonbons am besten mit Shaw, und glasierte Früchte waren die ideale Ergänzung für Ibsen.

Schmugglers Rumkugeln

Obwohl er eine ziemliche Naschkatze war, hätte Diamond Jim die folgende Süßigkeit sicher links liegen lassen – wegen seiner allbekannten Verachtung für das Teufelszeug Rum und alles übrige Alkoholische. Trotzdem hätte er von seinen Freunden nie Abstinenz verlangt, so daß sie frisch und munter auch noch seinen Anteil an alkoholischen Getränken zu sich nahmen und auch diese Süßigkeit verschlangen.

450 g Butterkekse, fein gerieben
450 g Puderzucker
250 g Kokosraspeln
2 EL Kakaopulver
2 EL Ahornsirup
1/8 l brauner Rum

Die zerkrümelten Butterkekse mit der Hälfte des Puderzuckers und den übrigen Zutaten gründlich vermischen. Jeweils eine kleine Menge davon zwischen den Händen zu einer kompakten Kugel von etwa 2 cm Durchmesser rollen. Dann auf einem flachen Teller im restlichen Puderzucker wälzen. In einem luftdicht abgeschlossenen Behältnis in Lagen aufbewahren.
(Ergibt ca. 48 Kugeln)
Tip: Eine Variante aus dem amerikanischen Süden verlangt zerkrümelte Vanille-Waffelkekse statt der Butterkekse und Bourbon statt Rum.

Geröstete Jungtäubchen mit Heidelbeerglasur

Jim aß mit Wonne Jungtäubchen, heute wie damals eine äußerst exklusive Vorspeise. Täubchen sind immer noch sehr kostspielig – vielleicht sogar noch teurer als damals. Sollten Sie keine bekommen, können Sie sie durch Stubenküken ersetzen.

1 EL Öl
Salz und Pfeffer
2 küchenfertige Jungtäubchen von je 350 bis 500 g
1/4 l trockener Rotwein
4 EL Barbecue Sauce
4 EL Heidelbeermarmelade
100 g frische oder gefrorene Heidelbeeren zum Garnieren

Das Öl in einer großen Pfanne erhitzen und die mit Salz und Pfeffer gewürzten Täubchen darin rundherum anbraten. Währenddessen in einer Schüssel den Wein, die Barbecue Sauce und die Heidelbeermarmelade verquirlen. Die Täubchen in einen Bräter geben und mit der

Sauce einpinseln. Im Backofen bei 220° C etwa 20 bis 25 Minuten garen und dabei immer wieder mit der Sauce bepinseln.
Zum Servieren die Brust auslösen, in Scheiben schneiden und auf dem Teller auffächern. Daneben die Schenkel anrichten. Mit Heidelbeeren garnieren.
(Ergibt 2 Portionen)
Tip: Es ist äußerst schwierig, Täubchen mit Anstand zu essen, außer sie werden ausgelöst wie hier beschrieben. Dennoch, die Mühe lohnt sich, denn das Fleisch der Täubchen schmeckt unglaublich aromatisch.

Als Diamond Jim schließlich im Alter von 56 Jahren seiner täglichen Völlerei Tribut zollen mußte, entdeckten seine Ärzte zu ihrem Erstaunen, daß sein Magen sechsmal so groß war wie normal. Jim staunte zwar, schien aber nicht besonders beeindruckt zu sein. Vielmehr ließ er sich sogar ins Johns-Hopkins-Hospital seine Menüs aus dem exklusiven Hotel Belvedere kommen. Obwohl er weiterhin riesige Mengen von Köstlichkeiten wie Schildkröte, gebratenem Fleisch, Wild und Wildgeflügel und schweren Desserts verschlang, ging es ihm schließlich wieder so gut, daß er in seine Lieblingslokale zurückkehren konnte. Er bezahlte nämlich einer Witwe aus Baltimore 200.000 Dollar für die Verdauungsorgane ihres verblichenen Mannes. Seine Ärzte, die oft die Menüs aus dem Belvedere mit ihm teilten, setzten sie ihm mit einem Stoßgebet zum Himmel statt seines eigenen arg entstellten Verdauungsapparates ein. Bis zu seinem Tod im Jahre 1917 im Alter von 61 Jahren folgte Jim weiterhin mehr seinem Appetit als seinem Verstand und unterzog seinen neuen Magen ständig wiederkehrenden Belastungsproben. Nach der von Morell verfaßten Biographie war seine Leiche zwei Tage lang im Wohnzimmer seines Hauses in der 86th Street aufgebahrt, und Massen schweigender Menschen defilierten vorbei, um ihm die letzte Ehre zu erweisen. Ohne Frage war darunter auch so manches leichte Mädchen und so manche Dame zweifelhaften Rufs, die er zum Dinner ausgeführt und denen er mit Krediten für die Miete oder eine Gerichtskaution durch schwere Zeiten geholfen hatte.
Diamond Jim war die lebensgroße Ikone einer glanzvollen Ära, in der gutes Essen und Trinken als Kennzeichen eines luxuriösen Lebenswandels galten. Das nächste Mal,

wenn Sie eine besonders festliche Party feiern wollen, sollten Sie Ihre Gäste vielleicht zu einem Diamond-Jim-Dinner bitten und die Speisekarte aus der bescheidenen Aufzählung von Gerichten aus den in diesem Kapitel beschriebenen 14-Gänge-Menüs zusammenstellen. Oder feiern Sie, wenn Sie dazu aufgelegt sind, eine Seven-Sisters-Party, und stellen Sie sicher, daß festliche Kleidung für die Herren obligatorisch ist, wie es sich die federführende Dame damals ausbedang. Und vielleicht haben die Damen ja Spaß daran, in Jahrhundertwende-Kostümen aufzutreten – reichlich behängt mit falschen Klunkern!

4 Tändeleien des Südens

Atlanta ist schon immer der Mittelpunkt des amerikanischen Südens und ein lebhaftes Handelszentrum gewesen – auch schon vor dem Bürgerkrieg. Die Stadt wurde während Shermans »Marsch zur See« fast vollständig niedergebrannt. (Hier ist der von General Sherman geführte »March to the Sea« der Unionstruppen von Atlanta nach Savannah im Jahre 1864 gemeint, der schließlich zur Kapitulation der Konföderierten im amerikanischen Sezessionskrieg führte.) Doch die Asche war noch nicht richtig abgekühlt, da pulsierte in Atlanta schon wieder das Leben.

Um 1900 stand die Stadt von »Vom Winde verweht« kurz vor dem Bankrott und machte ihrem im Bürgerkrieg entstandenen Spitznamen »Hotlanta« wieder alle Ehre! Da sie ein Eisenbahnknotenpunkt war, gingen die Geschäftsleute in der Stadt ein und aus – immer auf der Suche nach den angenehmen Ablenkungsmöglichkeiten, von denen hinter vorgehaltener Hand erzählt wurde.

Kaum eine war unter Kennern begehrter als Miss Millies Gold Rush, ein privater Club, zu dem nur betuchten Mitgliedern (die vorwiegend aus der Oberschicht von Atlanta stammten) und deren mit äußerster Diskretion ausgewählten Gästen Zutritt gewährt wurde. Besucher der Stadt, die zugelassen wurden, durften sich zu Recht geehrt fühlen. Wenn die vornehmen Gentlemen Miss Millies Empfangszimmer betraten, warf jeder von ihnen ein Zehndollar-Goldstück in das große Goldfischglas aus Kristall, das die Marmorplatte des Buffettisches zierte. Die Gabe berechtigte dazu, die Gastfreundschaft des Hauses in Anspruch zu nehmen. Diese bestand aus zwei Drinks, die von elegant livrierten Schwarzen kredenzt wurden, der Erlaubnis zum (begrenzten) Umgang mit »Georgia's sweetest peaches«, wie die berühmten Gold Rush Girls genannt wurden, und freier Speisenwahl vom ebenso berühmten Gold Rush Buffet.

Und was für ein Buffet das war! Georgia war und ist ein Bauernstaat, und sein fruchtbarer Lehmboden bringt eine Fülle der besten Köstlichkeiten der Welt hervor. Auf Miss Millies Buffet häuften sich all diese Delikatessen wie in einer Auslage. Neben saisonal variierenden Speisen und Spezialitäten des Tages umfaßte eine typische Auswahl zum Beispiel Berge von Southern Fried Chicken (einer Art Brathähnchen), dicke Scheiben von mit Zucker konserviertem Schinken, geschmorte oder gegrillte Schweinekoteletts, gebratene Okraschoten, Butterbohnen und allerlei anderes frisches Gemüse, Kartoffelsalat, kandierte Süßkartoffeln, warme Maisbrötchen, hausgemachtes Feigenkompott, eingelegte Pfirsiche, Brombeermarmelade und Quittengelee. Und das war nur der Anfang! Der Desserttisch stand ein wenig abseits, und allein ein Blick darauf würde genügen, Sie zu einem halben Jahr harten Trainings im Fitneßstudio zu bewegen. Die Tischplatte bog sich unter Pekannußtorte, Pfirsichkuchen, Bananenpudding, Schokoladenmousse, Kokosnuß-Sahnetorte, Sandkuchen und natürlich Miss Millies »Gold Rush«-Spezialkuchen (mit eingemachten Pfirsichen).

Da Fried Chicken bei Miss Millie nicht fehlen durfte, und es zweifellos damals wie heute das bekannteste und am heißesten diskutierte Gericht des Südens ist, liefern auch wir hier noch ein bißchen Zündstoff. Jeder einzelne Südstaatler und jede einzelne Südstaatlerin kann nämlich bestätigen, daß sein oder ihr Fried Chicken – oder das von Mama, Mamas Mama oder sonst einem unangefochtenen Gourmetkoch der Familie eindeutig »das beste Brathähnchen ist, das die Welt jemals gesehen hat«.

Da haben wir's! Zugegebenermaßen gibt es unzählige Methoden, Fried Chicken zuzubereiten. Trotzdem wagen wir es, ein paar Regeln für Southern Fried Chicken anzuführen, die wir für absolut unverzichtbar halten. Zuerst müssen die Hähnchenteile natürlich sauber zerlegt und nicht irgendwie beliebig auseinandergehackt werden. Sie müssen in Mehl gewendet und in Fett gebraten werden, das mindestens bis zur halben Höhe der Hähnchenteile reicht. Verwenden Sie ein Fett Ihrer Wahl, generell eignet sich sowohl festes Bratfett genauso wie Pflanzenöl. Die meisten Südstaatler fordern eine schwarze Pfanne aus Gußeisen. Wenn Sie keine solche geerbt haben, gibt es heute eine Menge schwerer Bratpfannen, die es genauso tun. Außerdem verlangen die Südstaatler, daß man sich auf jeden Fall viel Zeit nehmen muß. Das Hühnchen sollte g-a-n-z l-a-n-g-s-a-m bei Mittelhitze gebraten werden, wie im folgenden Rezept angegeben.

Und noch eine Verhaltensregel aus dem Süden der USA: Du sollst dein Fried Chicken nur mit den Fingern essen! Und da fragen Sie sich noch, woher der Werbeslogan »finger lickin' good« (»zum Fingerabschlecken gut«) kommt...

Southern Fried Chicken

1,5 kg Hähnchenflügel
1/4 l Milch (oder Buttermilch)
250 g Mehl
Salz und Pfeffer nach Belieben
Öl zum Ausbacken

Die Hähnchenflügel eine halbe Stunde in Milch einlegen.
Mehl, Salz und Pfeffer in eine Papier- oder Plastiktüte geben. Die Hühnerteile aus der Milch nehmen, abtropfen lassen und einzeln in der Tüte hin- und herbewegen, bis sie vollständig mit Mehl bedeckt sind.
Öl in einer Friteuse erhitzen. Die Hähnchenteile portionsweise darin etwa 15–20 Minuten goldbraun ausbacken. Herausnehmen und auf Küchenpapier abtropfen lassen.
(Ergibt 6 Portionen)

Southern Barbecued Chicken

Es wurde bereits erwähnt, daß es unzählige Variationen von Southern Fried Chicken gibt. Manche Köche geben noch Maismehl zum Mehl oder wenden die Hähnchenteile in zerkrümelten Cornflakes, wieder andere tauchen sie in einen Teig aus Mehl, Milch und den verschiedensten Kombinationen von exotischen Kräutern und Gewürzen. Das alles kann wirklich wunderbar schmecken, nur ist das Hähnchen dann etwas anderes – ganz bestimmt nicht mehr Southern Fried!
Heutzutage wird wohl das meiste Southern Fried Chicken auf dem bzw. im Grill gebraten. Natürlich ist es auch dann etwas anderes als ein Southern Fried Chicken, aber diese Zubereitungsart gilt heute als gesünder und ist einfacher.

Für entsprechende Grillsaucen gibt es sogar noch mehr Rezepte als für das Hähnchen selbst. Zwei unserer Lieblingsrezepte sind die nachfolgenden:

1,2 kg Hähnchenteile
2 EL Öl
470 ml Grillsauce (Rezepte folgen)

Die Hähnchenteile mit Öl bepinseln und auf einem mäßig heißen Holzkohlengrill grillen, bis sie zart und braun geworden sind. Je nach Bedarf zwischendurch mit Öl bepinseln. Während der letzten 10 Minuten die Hähnchenteile mit Grillsauce einpinseln. Übriggebliebene Sauce zum Hähnchen reichen. Sie eignet sich auch hervorragend als Dip für Pommes frites und schmeckt köstlich zu Knoblauchbrot, das bei einem Southern Barbecue nicht fehlen darf.

Barbecue-Sauce Nr. 1

250 ml Ketchup
150 ml Tomatensaft
80 g brauner Zucker
4 EL Öl
4 EL Worcestershiresauce
2 EL Senf
2 Knoblauchzehen, geschält und fein zerdrückt

Alle Zutaten in einem kleinen Kochtopf verrühren. Zum Kochen bringen, die Hitze reduzieren und 10 Minuten lang köcheln lassen.
Zum Einpinseln der Hähnchenteile beim Grillen verwenden. Übriggebliebene Sauce zu den Hähnchenteilen servieren.
(Ergibt knapp 1/2 Liter)

Barbecue-Sauce Nr. 2 (auch als Marinade zu verwenden)

1/8 l Sojasauce
1/8 l Tomatensaft
1/8 l Öl
2 Knoblauchzehen, geschält und kleingehackt
1 TL frische Ingwerwurzel, fein gerieben
1 TL Meerrettich aus dem Glas

Alle Zutaten in einer Schüssel verrühren. Soll die Sauce als Marinade verwendet werden, übergießen Sie das Hähnchen mit der Hälfte der Mischung und lassen es 1/2 bis 1 Stunde lang darin ziehen. Restliche Sauce zum Bestreichen der Hähnchenteile beim Grillen verwenden. *(Ergibt 350 ml)*

Tip: Im Süden der USA ist ein Barbecue erst vollständig, wenn ein Krautsalat aufgetischt wird. Unsere Freunde aus Georgia schwören auf das folgende Rezept:

Krautsalat »Hotlanta«

1 kg Weißkohl, fein geraspelt
6 Schalotten, geschält und in feine Ringe geschnitten
250 g Mayonnaise
4 EL saure Sahne
4 EL Weinessig
50 g Zucker
Salz und Pfeffer nach Belieben

Geraspelten Kohl und Schalottenringe vermengen. Die restlichen Zutaten in einer Schüssel solange verrühren, bis eine cremige Sauce entstanden ist. Die Kohlmischung dazugeben und gründlich miteinander vermischen.
Den Salat zugedeckt mindestens eine Stunde lang in den Kühlschrank stellen und gut durchziehen lassen.
(Ergibt 6–8 Portionen)
Variationen: Man kann den Salat noch zusätzlich mit Rotkohlraspeln, roten Zwiebelwürfeln, Möhren- oder Sellerieraspeln anreichern und mit Selleriesamen oder Senf abschmecken.

Während die Clubmitglieder und ihre Gäste im Gold Rush speisten und tranken, genossen sie die Gesellschaft all derjenigen jungen Damen des Hauses, die gerade nicht in den oberen Räumen anderweitig beschäftigt waren. Die meisten Mädchen hatten zwar nie eine höhere Schule besucht, aber Miss Millie hatte ihnen ihre großzügige Gold-Rush-Spezialausbildung in Konversation zukommen lassen. Sie war stolz darauf, daß jedes der Mädchen selbst dem schwachköpfigsten Gast das Gefühl geben konnte, brillant, witzig und absolut faszinierend zu sein. Wollte einer der Herren einen von »Georgias süßesten Pfirsichen« mit nach oben nehmen, wurde ein neuerlicher Gang zum Goldfischglas fällig. Flüsternd teilte er Miss Millie seine Wahl mit, die daraufhin äußerst diskret einen Preis aushandelte, dessen Höhe sich nach der Beliebtheit des Mädchens, nach der geforderten Dienstleistung und nach der Zeitspanne, die der Gentleman in den oberen Räumen verbringen wollte, richtete. Für eine ganze Nacht mußten die Gäste einen hohen Preis bezahlen, aber sie bekamen dafür auch eine Sonderbehandlung. Neben anderen Extras war ein Frühstück im Preis inbegriffen. Eingeleitet wurde es durch einen stärkenden Wecktrunk, der mit gekauftem Whisky zubereitet wurde – nicht mit dem schwarzgebrannten Fusel, der einst die Menschen in Georgia tagelang in Vollrausch versetzte.
Ein Frühstück in den Südstaaten ist eigentlich unabhängig von der Tageszeit. Es stellt sich mehr die Frage, *was* man nach dem Aufstehen essen soll. Das kann um 6 Uhr

morgens genauso sein wie am späten Mittag. Ganz entscheidend ist der Kaffee. Wenn der Abend vorher sehr lang gewesen ist, werden Sie vielleicht etwas Stärkeres zum Wachwerden benötigen, das gewöhnlich in oder mit dem Kaffee serviert wird. Ein herzhaftes Frühstück im Gold Rush umfaßte eine ganze Reihe von Speisen, die angeblich »den Magen beruhigen« sollten, Dinge wie Getreidebrei, Aufläufe, Muffins und Kekse. Auch dazu folgen ein paar Rezepte, zunächst aber den »Wecktrunk«:

»Plantation Eye Opener«

Damit erleben Sie garantiert einen wirklich guten Morgen!

1 TL gute Orangenmarmelade
etwas frisch gemahlene Muskatnuß
5 EL Wasser
4 cl Whisky
gestoßenes Eis

Marmelade und Muskatnuß mit Wasser glattrühren. Mit Whisky und Eis in einen Shaker geben und gut schütteln. In ein altmodisches Glas gießen und mit einem Hauch frisch geriebener Muskatnuß bestäuben.
(Ergibt 1 Drink)

Grundrezept »Basic Grits«

1 l Wasser
$^1/_2$ TL Salz
250 g Weizengrieß
40 g Butter

Wasser mit Salz zum Kochen bringen und den Grieß unter Rühren einstreuen. Die Hitze reduzieren und unter regelmäßigem Umrühren etwa 15 Minuten köcheln lassen. Es muß ein cremiger Brei entstehen. Zum Schluß mit Butter verfeinern.
(Ergibt 6 Portionen)

Grießschnitten »Southern Fried«

Den Weizengrieß nach dem vorhergehenden Rezept zubereiten. Fingerdick in eine tiefe Platte gießen, mit Folie bedecken und einige Stunden in den Kühlschrank stellen. Nach dem Festwerden in Quadrate schneiden oder Kreise ausstechen und in heißer, aufgeschäumter Butter auf beiden Seiten goldbraun braten.

Tip: Je nach Lust und Laune kann man die gebratenen Grießschnitten mit Zucker bestreut und mit Kompott genießen, oder man brät sie in ausgelassenen Speckwürfeln und serviert sie mit Tomatensauce und Salat als kleine Mahlzeit.
(Ergibt 6 Portionen)

Frühstücksauflauf »Spoon Bread«

1 l Wasser
1 TL Salz
250 g Instant-Maismehl
50 g Butter
4 Eier
1/4 l Buttermilch

Wasser mit Salz zum Kochen bringen. Das Maismehl langsam und gleichmäßig einrieseln lassen, dabei ständig rühren. Kurz durchköcheln lassen, dann von der Kochplatte nehmen und 30 g Butter, Eier und Buttermilch unterrühren. Es muß eine geschmeidige Masse entstehen. In eine gefettete Auflaufform mit 1 1/2 l Inhalt gießen. Die Oberfläche mit Flöckchen der restlichen Butter belegen und im vorgeheizten Backofen bei 200° C etwa 20–30 Minuten backen. Der Auflauf muß eine goldbraune Kruste bekommen. Sofort servieren.
(Ergibt 4–6 Portionen)

Mais-Muffins

60 g grober Maisschrot
200 ml Wasser
1 Prise Salz
1/4 l Milch
250 g feines Maismehl
50 g Zucker
60 g flüssige Butter
1 EL Backpulver
2 Eier, getrennt

Backofen auf 200° C vorheizen.
In einer großen Schüssel den Maisschrot mit kochendheißem Wasser übergießen, salzen und einige Minuten quellen lassen.
In einer zweiten Schüssel erhitzte Milch, Maismehl, Zucker und Butter verrühren. Mit der anderen Mischung vermengen, das Backpulver gleichmäßig unterrühren und abkühlen lassen.
Das Eigelb schaumig rühren und unter den Teig mischen. Zum Schluß das Eiweiß halbsteif schlagen und nach und nach vorsichtig unterheben.
Jeweils einen Löffel Teig in die leicht gefetteten Vertiefungen einer Muffinform füllen. Die Vertiefungen dürfen nur etwa zu zwei Dritteln gefüllt sein, da das Gebäck aufgeht. Im vorgeheizten Backofen 15 bis 20 Minuten goldbraun backen.
(Ergibt 12 Muffins)

Die Mädchen, die im Gold Rush logierten, waren im großen und ganzen einfache junge Schönheiten vom Land, die aus Georgia, Alabama und Mississippi kamen. Gelegentlich nahm Miss Millie auch das ein oder andere Mädchen aus Texas auf, generell aber bevorzugte sie »Talente aus der näheren Umgebung, weil sie nicht so wild und störrisch sind«. Die meisten ihrer Mädchen waren auf dem Bauernhof aufgewachsen, bevor sie nach Atlanta flüchteten, um der mühseligen Feldarbeit und der Langeweile eines Lebens »in der tiefsten Provinz, wo niemals irgend etwas Spannendes passiert«, zu entgehen. Selbst wenn sie wegen der Arbeit, mit der sie ihren Lebensunterhalt verdienten, ein schlechtes Gewissen hatten, so wurde es durch ihren Anteil aus dem Goldfischglas doch erheblich gemildert. Sie alle waren froh, in einer Nacht mehr Geld verdienen zu können, als sie in ihrem früheren Leben in einem ganzen Jahr zusammenbekommen hatten. Miss Millie teilte mit ihnen die Einnahmen großzügig fifty-fifty, knöpfte ihnen allerdings eine stolze Summe für Kost, Logis, ärztliche Versorgung und die Pflege der Wäsche ab.
Da der Gold Rush ein privater Club mit Upperclass-Klientel war, galt es zwar als verwegen, dort zu leben, es war aber nie wirklich hart. Eines Nachts zog jedoch eine

schwere Krise herauf, als ein Gast aus Chicago in einem von Miss Millies Mädchen seine eigene Nichte erkannte, die Tochter seiner Schwester aus Mississippi. Schon beim Betreten des Clubs war ihm das Gesicht vertraut vorgekommen, aber er hatte seine Nichte seit ihrem fünfzehnten Lebensjahr nicht mehr gesehen, da er Mississippi bereits zehn Jahre zuvor verlassen hatte. Auf einmal jedoch dämmerte ihm, wer das Mädchen war, und der Schreck fuhr ihm in alle Glieder. Außer sich vor Wut wollte er zuerst Miss Millie umbringen, weil sie »aus dem Kind seiner einzigen Schwester eine Hure gemacht« hatte. Dann packte er das Mädchen unsanft am Arm und schleifte sie nach draußen, um ihr für ihr ungehöriges Benehmen gehörig die Leviten zu lesen.
»Lucie Jean«, schnaubte er, »wie kannst du deiner Mutter nur so etwas antun? Seit dem Tag, an dem du geboren wurdest, hat sie sich abgerackert und alles nur Mögliche getan, um dir ein besseres Leben zu ermöglichen, damit etwas Ordentliches aus dir wird. Den ganzen Tag hat die Arme in glühender Hitze Baumwolle gepflückt und sich dann nach Hause geschleppt, um für euch Kinder und euren Vater Abendessen zu kochen ...«
»Das weiß ich doch alles, Onkel Ed«, unterbrach ihn das Mädchen, »und ich weiß es auch sehr wohl zu schätzen. Deswegen habe ich Mama einen Job in Miss Millies Küche verschafft. Sie wird fürs Kochen gut bezahlt und hat so außerdem viel mehr Abwechslung. Es gefällt ihr wirklich gut hier. Geh nur und frag sie!«
Onkel Ed eilte daraufhin zurück ins Haus, schnappte sich seinen Hut und ergriff die Flucht, ohne seiner Schwester gesagt zu haben, wie sehr er das Buffet genossen hatte.

Schweineschmorbraten nach Südstaaten-Art

Vielleicht wäre sogar Onkel Ed wegen eines von Miss Millies großartigen Schweinefleischgerichten umgekehrt, wie dem folgenden, für das Georgia berühmt war.

1,2 kg Schweinelende
4 EL Olivenöl
3–5 Knoblauchzehen, geschält
Salz und Pfeffer nach Belieben
jeweils 1/2 TL frisch gehackter Salbei, Rosmarin und Thymian
1/8 l trockener Weißwein
1/8 l Apfelsaft
24 kleine Schalotten, geschält
3 säuerliche grüne Äpfel, mit Schale geviertelt und entkernt
300 g Kürbisfleisch, entkernt und in 5 cm dicke Spalten geschnitten
6 cl Brandy
1 EL Zitronensaft

Den Backofen auf 175° C vorheizen.
Den Schweinebraten mit der Hälfte des Olivenöls einreiben. Knoblauchzehen der Länge nach vierteln und das Fleisch damit spicken. Das restliche Öl in einem großen Bräter erhitzen und das Fleisch unter mehrmaligem Wenden von allen Seiten goldbraun anbraten. Mit Salz, Pfeffer, Salbei, Rosmarin und Thymian würzen. Wein und Apfelsaft angießen, den Bräter zugedeckt in den vorgeheizten Backofen stellen und eine Stunde schmoren lassen.

Die Schalotten in Salzwasser 5 Minuten lang kochen, dann abgießen. Schalotten, Äpfel und Kürbis gleichmäßig um den Braten verteilen und mit Bratensaft begießen. Erneut zugedeckt eine weitere Stunde schmoren lassen, bis der Braten gar und Gemüse und Äpfel weich sind.
Den Braten und das mitgegarte Gemüse und Obst herausnehmen und warm stellen.
Den Bratensatz sorgfältig entfetten, dann auf der Kochplatte noch einmal zum Kochen bringen und Brandy und Zitronensaft hinzufügen. Etwa 3 bis 5 Minuten sämig einkochen lassen. Noch einmal würzig abschmecken und zum Braten und der Gemüse-Apfel-Mischung reichen.
(Ergibt 6 Portionen)

Püree aus Kartoffeln und weißen Rüben

Dies ist die ideale Beilage für einen deftigen Schweinebraten. Wenn ein Wurzelgemüse schon gut ist, wie gut muß dann erst die Kombination von zweien sein. Im Süden der USA einTraditionsgericht, das wirklich lecker schmeckt!

700 g festkochende Kartoffeln, geschält und in 2 cm große Würfel geschnitten
700 g weiße Rüben, geschält und in 2 cm dicke Scheiben geschnitten
1/8 l Sahne
1 EL Butter
Salz und Pfeffer nach Belieben

Kartoffeln und Rüben in einen flachen, großen Topf geben und mit Wasser bedecken. Zugedeckt bei mittlerer Hitze zum Kochen bringen, dann die Hitze reduzieren und das Gemüse gar kochen. Die Sahne erhitzen.

Das Kochwasser des Gemüses abgießen und das Gemüse durch eine Kartoffelpresse drücken oder mit einem Kartoffelstampfer zerstampfen. Erhitzte Sahne, weiche Butter, Salz und Pfeffer unterrühren und sofort servieren.
(Ergibt 6 Portionen)

Da es zu Miss Millies Gold Rush keine offiziellen Aufzeichnungen gibt, mußten wir uns auf die mündliche Überlieferung von Kunden verlassen, die gerne Geschichten aus ihrer stürmischen Jugend erzählten. So wurde uns die Geschichte von Lucie Jean durch einen jungen Mann übermittelt, dessen Großvater angeblich geschworen hatte, daß er just an jenem Abend dort war, als Lucie Jeans Onkel in ihr das mißratene Kind seiner Schwester erkannte. Ganz offensichtlich war das Wirken von Miss Millie ein wohlgehütetes Geheimnis oder doch zumindest von beispielhafter Diskretion gekennzeichnet, da das Gold Rush erwiesenermaßen auch während der Amtsdauer von James L. Beavers weiter existierte. James L. Beavers war Polizeichef von Atlanta, und sein energisches Durchgreifen gegen die Prostitution in den Jahren von 1911 bis 1915 nahm fast die Ausmaße eines Kreuzzugs an. Obwohl also Miss Millie in den amtlichen Berichten über diesen Kreuzzug nicht erwähnt wird, fanden sich aber die Namen so manch anderer Verwalterin eines zwielichtigen Hauses. So schlimme Weiber wie Tessie Roulette, Bessie Lamont, Daisey Mobley und Belle Burton tauchten sogar des öfteren namentlich in Polizei- oder Presseberichten auf.
Chief Beavers Diensteifer wurde von einer Organisation aus Atlanta unterstützt, die sich »The Men and Religion Forward Movement« (MRFM) nannte. Es handelte sich hierbei um einen Zusammenschluß reformwilliger Geschäftsleute, die es sich zum Ziel gemacht hatten, das horizontale Gewerbe auszumerzen, in das viele ihrer Geschäftsfreunde investierten.
Welchen allgemeinen Bekanntheitsgrad Rotlichtbezirke damals hatten, zeigen übrigens die folgenden Verse aus der Feder eines Reimeschmieds des späten 20. Jahrhunderts:

Peters Street for wagon yards
Whitehall Street for stores
Peachtree Street for dressy feet
And Collins Street for whores.

(Fuhrunternehmen in der Peters Street
Einkaufsläden in der Whitehall Street
schicke Schuhe in der Peachtree Street
und Huren in der Collins Street.)

Champagner-Cocktail »Collins Street Special«

Hier ein in der Gegend von Atlanta äußerst populärer Drink. Seine Beliebtheit ist leicht zu erklären: Er ist so »peachy«, das kommt im Englischen natürlich von peach (Pfirsich) und bedeutet außerdem »fabelhaft«.

1 vollreifer aromatischer Pfirsich, geschält, entkernt und in Stücke geschnitten
1 EL Zitronensaft
1 Spritzer Grenadine
1 Glas trockener, gut gekühlter Champagner

Pfirsichspalten, Zitronensaft und Grenadine in den Mixer geben und fein pürieren. In zwei Champagnergläser geben, mit kaltem Champagner auffüllen und gut umrühren.
(Ergibt 2 Drinks)

Bis zum Jahr 1910 zogen alle Damen des Gewerbes gesammelt von der alten Collins Street in einen Abschnitt der Straße um, der in Manhattan Street umbenannt worden war. Diese Massenwanderung wurde von einem gewissen Charles Jones ins Rollen gebracht. Er war ein Unternehmer aus Atlanta, dem der Rex Saloon gehörte und der außerdem in Pferderennen investierte. Jones hatte der tristen Straße ein neues Gesicht verliehen, indem er dort vier eindrucksvolle »Herrenhäuser« errichten ließ und sie mit einer Auswahl erstklassiger Mädchen bevölkerte. Das Viertel wurde schnell unter dem Namen »The Tenderloin« bekannt (das »Lendenstück«). Es war – wie sollte es auch anders sein – das Lieblingsobjekt von Chief Beavers Säuberungsbemühungen, als er seinen Posten übernahm.

Das erinnert uns an das Standardgericht schlechthin, wenn Leute aus den Südstaaten bei anderen mit einem Essen Eindruck schinden wollen: Beef Tenderloin. Es sollte Sie auf keinen Fall stören, daß das Wort »Tenderloin« auch eine Bezeichnung für die Bezirke war, in denen man die leichten Mädchen finden konnte.

Rinderlende »Tenderloin Romantique«

1 kg Rinderlende, ohne Fett
1 rote Zwiebel
1 EL frisch gehackten Rosmarin
1 EL frisch gehackte Minzeblätter
6 cl Bourbon
100 ml Tomatensaft
6 cl Aceto Balsamico
4–5 EL Olivenöl
3–5 Knoblauchzehen, geschält

Das Rindfleisch in eine große Schale legen. Die restlichen Zutaten in den Mixer geben und fein pürieren, bis eine cremige Marinade entsteht. Das Fleisch damit bedecken und zugedeckt mehrere Stunden lang oder über Nacht im Kühlschrank marinieren lassen.
Den Backofen auf 220° C vorheizen. Das Rindfleisch aus der Marinade nehmen und abtropfen lassen, die Marinade jedoch aufbewahren. Das Fleisch auf einen Rost über eine Fettpfanne legen und 35–45 Minuten im Backofen braten, bis es die gewünschte Garstufe erreicht hat. Dabei immer wieder mit der Marinade bepinseln. Die restliche Marinade einmal aufkochen lassen und als Sauce zum Fleisch reichen.
(Ergibt 4 Portionen)

Unter dem Druck des MRFM wollte Atlantas oberster Polizist die Prostitution in einem heiligen Kreuzzug auslöschen. Und im September 1912 schlug Beavers dann unerbittlich zu. Höchstpersönlich suchte er jede einzelne der 50 als Bordelle identifizierten »Lokalitäten« auf und verkündete, daß sie um Mitternacht am darauffolgenden Samstag (knapp eine Woche später) offiziell von der Polizei geschlossen würden. Einem Artikel von Nancy Neill in Business Atlanta zufolge war die ganze Stadt baß erstaunt. »Die Prostitution mag zwar illegal und sogar verabscheuungswürdig gewesen sein«, schrieb sie, »trotzdem aber hielt man abgeschlossene Bezirke für ein notwendiges Übel, um die Prostitution in Grenzen und von respektablen Wohnvierteln fernzuhalten. Seit dem Bürgerkrieg wurden Freudenhäuser nicht nur geduldet, sondern sogar regelmäßig von der Stadt zur Kasse gebeten – was letztlich einer Lizenzierung gleichkam.«
Nellie Busbee, eine der Damen, deren Haus dichtgemacht worden war, ging – so wird weiterhin berichtet – in ihrem Protest so weit, daß sie Selbstmord beging. Sie erstach sich mit einem Taschenmesser. Die Atlanta Constitution schrieb in ihrem Artikel, daß die sterbende Nellie einen Zettel in ihrer starren Faust hielt, mit dem Fluch »Chief B. möge zur Hölle fahren«. So erfolgreich Chief Beavers Feldzug auch war, letztlich kostete er ihm den Job. Ein neuer Bürgermeister, dem die Politik des Chiefs offensichtlich nicht zusagte, erreichte, daß er wegen Inkompetenz belangt und zum Captain

degradiert wurde. Beavers reichte daraufhin seinen Rücktritt ein. Miss Millie aber überlebte anscheinend nicht nur Beavers Kreuzzug, sondern auch das große Feuer von Atlanta im Jahre 1917, das einen Großteil des ehemaligen Vierten Bezirks zerstörte, wo das Gold Rush sich damals befand. Die letzten Berichte über das Goldfischglas datieren »irgendwann in den zwanziger Jahren« und weisen darauf hin, daß Miss Millies Etablissement vom Feuer unversehrt geblieben ist.

In einem Artikel, den uns die Atlanta Historical Society zur Verfügung stellte, ist zu lesen:

»Zur Geschichte der Prostitution in Atlanta während der frühen Jahre des Wachstums dieser Stadt, gibt es wenig schriftlich Festgehaltenes. Im Jahre 1878 führt das Stadtverzeichnis von Atlanta zumindest eine Dame des Gewerbes namens Abbie Howard auf. Ihr Name war darin in fetten schwarzen Lettern gedruckt, ein Zeichen dafür, daß sie zu den Förderern der Publikation gehörte. Sie war als Madam mit der Abkürzung »Mad« aufgeführt, mit Standort Line Street zwischen Pryor und Ivy Street.«

Außerdem hebt der Artikel hervor, daß Abbie erwiesenermaßen eine Frau mit etwas Vermögen war und vielleicht das Vorbild für die Figur der Belle Watling in »Vom Winde verweht«. Andererseits kursiert in Atlanta das Gerücht, daß es dort tatsächlich eine Belle Watling gegeben habe. Sie herrschte angeblich sowohl während des als auch nach dem Sezessionskrieg über ein großes Freudenhaus für die oberen Zehntausend – und »ergriff für keine der beiden Seiten Partei, solange der Mann vor ihrer Tür nur die geforderten drei Dollar parat hatte und sich anständig benahm«.

Der großen Erzähltradition des Südens entsprechend erfreute ein bekannter Anwalt aus Atlanta seine Freunde über Jahre hinweg mit einer harmlosen Geschichte. Angeblich hatte sein Großvater – ebenfalls ein Anwalt – dafür gefochten, daß Belle Watling ein Schild vor ihr Haus hängen durfte – ein weißes Brett, auf das in großer schwarzer Schrift »3 $« gemalt war. Er argumentierte, daß das Schild nicht wirklich für das Prostitutionsgewerbe warb, sondern vielmehr von vornherein eine klare Preisvorgabe verdeutlichen sollte.

»Belle bediente hauptsächlich sehr reiche Männer«, erklärte er, »Fuhrunternehmer, Offiziere, halbseidene Bankiers und all die anderen Jungs mit den großen Scheinen. Einfache Arbeiter, Baumwoll-

pflücker und die anderen Männer, die lediglich Silbergeld in den Taschen hatten, stießen bei ihr auf wenig Entgegenkommen. Ihr Schild zielte hauptsächlich darauf ab, die Schafe von den Böcken zu trennen.« (Da drei Dollar von damals heute etwa 50 Dollar entsprechen, grasten Schafe und Böcke in diesem Fall tatsächlich auf recht weit auseinanderliegenden Weiden.)
Der Erzähler fuhr fort, daß Belles einfaches 3-Dollar-Schild noch einmal einen kleinen Bürgerkrieg heraufbeschwor, als der oberste Justizbeamte den Kampf mit der reizbaren Dame aufnahm und versuchte, ihr Schild abnehmen zu lassen und ihr Haus zu einem öffentlichen Ärgernis zu erklären. Sein Großvater brachte den Fall bis vor das Oberste Bundesgericht – und gewann! Belle konnte nun also ganz legal ihr Schild im Winde schaukeln lassen und schenkte als Zeichen ihrer Wertschätzung dem Anwalt eine goldene Uhr, in die eine Nachbildung des 3-Dollar-Schilds eingraviert war. »Unglücklicherweise«, so schloß er, »erlaubte ihm meine Großmutter aber nicht, die Uhr zu tragen.«

Cocktail »Belle Ringer«

4 cl Bourbon oder amerikanischen Roggenwhisky
1 Spritzer Zitronensaft
1 Spritzer Grenadine
1 Spritzer Bénédictine
zerstoßenes Eis
1 Maraschinokirsche zum Garnieren

Alle Zutaten im Shaker gut durchschütteln, dann in ein Stielglas gießen und mit der Maraschinokirsche verziert servieren.
(Ergibt 1 Drink)

Zwiebelgemüse »Vidalia Vamp«

Wir können Georgia nicht den Rücken kehren, ohne die Vidalia-Zwiebel erwähnt zu haben. Sie ist eine Frühjahrsspezialität und berühmt für ihr süßes und mildes Aroma. Ihr Name ist in Georgia gesetzlich geschützt: Echte Vidalia-Zwiebeln müssen in genau festgelegten Gebieten im südöstlichen Georgia nahe der Stadt Vidalia gereift sein. Die Hitze und hohe Luftfeuchtigkeit dort ist ideal für den Anbau dieser Zwiebelsorte. Die folgende Zubereitungsart gehört zu den besten, die wir kennen. Eine betörend gute Beilage zu Fleisch oder Geflügel! Es gibt bei uns natürlich keine Vidalia-Zwiebeln, aber wenn man keinen direkten Vergleich hat, dann schmeckt das Gericht auch mit weißen, milden Zwiebeln zubereitet.

60 g Butter
5 weiße Zwiebeln, geschält und in dünne Scheiben geschnitten
Salz und Pfeffer nach Belieben
6 cl trockener Sherry
1 Spritzer Tabasco
60 g frisch geriebener Parmesan

Die Butter in einer schweren Pfanne zerlassen, die Zwiebelringe zugeben und bei mittlerer Hitze etwa 6–8 Minuten schmoren lassen, bis sie weich, aber noch bißfest sind. Die restlichen Zutaten zugeben und gut unterrühren.
Noch einmal kurz aufkochen lassen und dann sofort servieren.
(Ergibt 4–6 Portionen)

Pekannußkuchen »Stolz des Südens«

Genauso wenig können wir Georgia verlassen, ohne Ihnen dieses Rezept für den ultimativen Pekannußkuchen überliefert zu haben – absolut himmlisch wird er natürlich, wenn sie Pekannüsse aus Georgia verwenden.

Mürbeteig (Springform mit 24 cm Ø):
250 g Mehl
1 Prise Salz
80 g Zucker
1 Eigelb
125 g Butter, in kleine Stücke geschnitten

Für den Belag:
125 g weiche Butter
125 g Zucker
180 ml heller Stärkesirup
4 EL Honig
3 Eier
1 TL flüssiges Vanillearoma
250 g Pekannüsse, gehackt
250 g Pekannußhälften, geröstet und leicht gesalzen

Den Backofen auf 175° C vorheizen.
Die angegebenen Zutaten rasch zu einem Mürbeteig verkneten und mit Folie umhüllt 30 Minuten im Kühlschrank ruhen lassen.
In einer großen Schüssel Butter und Zucker mit einem Handrührgerät schaumig rühren. Dann Sirup, Honig, Eier und Vanillearoma nach und nach unter ständigem Rühren hinzufügen.
Die gehackten Pecannüsse unterheben und die Masse vorsichtig in die mit dem Mürbeteig ausgekleidete Kuchenform gießen.
Die Pecannußhälften kreisförmig auf der Füllung anordnen.
Auf der mittleren Schiene des vorgeheizten Backofens etwa 1 Stunde lang backen. Die Oberfläche muß goldbraun und die Nußmasse auch in der Mitte richtig fest sein.
Den Kuchen herausnehmen und auf einem Kuchengitter abkühlen lassen. Dazu steif geschlagene Sahne servieren.
(Ergibt 10–12 Stücke)

Der Süden der USA war lange Zeit förmlich übersät von Freudenhäusern. In Kleinstädten oder ländlichen Gegenden waren viele davon Etablissements mit nur ein oder zwei Mädchen. Es war nicht unüblich, daß diese Häuser denjenigen Stammgästen auch Kost und Logis anboten, die für einen verlängerten Aufenthalt dorthin kamen, um irgendwelchen familiären Streitigkeiten zu entgehen. Wenn sich zu Hause die Wogen wieder geglättet hatten, bezahlten sie und kehrten heim zu Frau und Kindern. Eines dieser Häuser wurde besonders gelobt, weil man abreisenden Gästen, die für ein oder zwei Wochen dort geblieben waren, ein »Abschiedsmenü« servierte.
Dabei wurde den Abreisenden ein Mahl aus all ihren Lieblingsspeisen aufgetischt, dazu gab es ihre Lieblingsweine. Bedient wurden sie natürlich von ihren Lieblingsmädchen. Ein inniger Abschied wurde zum Beispiel durch das folgende Menü noch viel bewegender:

Paulines Adieu-Menü

Schildkrötensuppe
Smithfield Schinken
Spargel mit Sahnesauce
Getreidebrei mit Käse und Bratkartoffeln
Tomatenaspik mit hausgemachter Mayonnaise
Süßkartoffeltorte mit Crème double

Die Frauen, die diese Salonhäuser führten, versuchten sich gegenseitig darin zu übertreffen, eine möglichst »häusliche« Atmosphäre zu erzeugen. Oft waren sie erstklassige Köchinnen und bereiteten genau die Art von herzerwärmenden Gerichten zu, die ausgewanderte Südstaatler auf der ganzen Welt in Ehren halten. Eines dieser Häuser war zum Beispiel das berühmte House on Clay Street im Ort Bowling Green in Kentucky. Die stolze Besitzerin war eine gewisse Pauline Tabor, ehemals Lehrerin in der Sonntagsschule. Als geschiedene Mutter von zwei Söhnen fing sie an, als Prostituierte zu arbeiten – einfach um überleben zu können –, und machte schließlich ein Vermögen damit. Obwohl sie später über die »fanatischen Bibelprediger« aus ihrer Vergangenheit lästerte, erscheint es doch irgendwie passend, daß eine Spezialität des House on Clay Street der sogenannte Angel Cake der ehemaligen Sonntagsschullehrerin war (heute wird ein solcher Kuchen in Amerika »Angel Food Cake« genannt).
Wir verfügen zwar nicht über Paulines Originalrezepte, aber die Geschichten über sie haben uns geholfen, Desserts zu erfinden, die ganz einfach sind und doch großen Eindruck machen. Schlau wie sie war, verwendete Pauline das Eiweiß für ihren Kuchen und das dazu gehörende Eigelb für die Creme, die sie dazu reichte. Bei feierlichen Anlässen wurde zusätzlich mit frischen Beeren oder anderen reifen Früchten garniert. Und für ganz spezielle Abende machte Pauline eine besonders hohe Torte, indem sie den Kuchen zweimal durchschnitt, Creme zwischen die Böden füllte und oben drauf frische Früchte und Beeren arrangierte. Das Ganze war eine architektonische Meisterleistung und entsprach der Art von Dessert, die die führenden Patissiers in New York und anderen Städten im Moment bevorzugen. Probieren Sie es einfach mit Ihren eigenen Rezepten für Biskuitteig und Vanille- oder Zitronencreme aus.
Ungewöhnlicherweise wählte Pauline ausgerechnet ihre Heimatstadt als Standort für ihr ungesetzliches Gewerbe. Die Stadt also, in der sie bis zu diesem Zeitpunkt als anständige junge Ehefrau galt. Vor ihrer Scheidung war sie nämlich Mitglied in allen bedeutenden Clubs und bewegte sich in angesehenen Kreisen.

»Warum soll ich denn in die Fremde gehen?« überlegte sie. »Warum nicht einfach hierbleiben, wo ich in vertrauter Umgebung arbeiten kann und mit Leuten umgehe, die ich kenne?« (Naive Pauline! Offensichtlich war sie wirklich überrascht, als sie herausfand, daß die meisten ihrer alten Freunde später angeblich nicht einmal mehr ihren Namen kennen wollten.)

Unter Paulines Sonntagsschulanständigkeit verborgen schlummerte ein zähes, streitbares Wesen – ein unabhängiger Geist gepaart mit eiserner Zielstrebigkeit. In ihrem neuen Gewerbe sollte sie nichts mehr genießen, als äußerst unheilige und unflätige Auseinandersetzungen mit den »Pfaffen« der Stadt. Eigentlich war sie zu ihrem Beruf gekommen wie die Jungfrau zum Kinde. Obwohl sie im Grunde eher schüchtern und zurückhaltend war, hatte sie als Haustürvertreterin für Kosmetikartikel gearbeitet und bald feststellen müssen, daß sie mit dieser Arbeit – der einzige Job, den sie bekommen konnte, – nicht ihren Lebensunterhalt verdienen konnte. Ein Portier in einem der Hotels am Ort vermittelte ihr dann bereitwillig Verabredungen mit einsamen Reisenden, und sie bezahlte ihm zum Ausgleich einen Dollar für jedes Treffen.

Man schrieb das Jahr 1933, die Wirtschaftskrise hatte gerade ihren Höhepunkt erreicht, und es sah so aus, als ob das einzige, was irgend jemand überhaupt noch kaufen wollte, genau das war, was Pauline anbot. Das Hotel hätte ihr weit mehr Verabredungen verschaffen können, als sie wahrnehmen konnte. Um sich soviel leichtverdientes Geld nicht entgehen zu lassen, beschloß Pauline, einige Mädchen einzustellen, die auf Prozentbasis für sie einspringen sollten.

Schließlich spielte sie mit dem Gedanken, ganz groß in das Prostitutionsgeschäft einzusteigen, und verbrachte deswegen ein Wochenende in dem luxuriösen Bordell von »Miss May«, einer reichen Dame aus Clarksville in Tennessee, die mit dem Polizeichef von Clarksville freundschaftlich (sprich geschäftlich) verbunden war. Diese beiden nun versicherten Pauline, daß es auf eine bestimmte Weise durchaus ehrenwert war, ein Freudenhaus zu führen, da in der Gesellschaft offensichtlich ein Bedarf an dieser Dienstleistung herrschte. So wurden alle Zweifel zerstreut, die sie bis dahin noch gehabt hatte, und Pauline stürzte sich mit ihrer ganzen Energie in ihre neugewählte Aufgabe. Ihr Ziel war erklärtermaßen, »das feinste Haus von schlechtem Ruf« in Bowling Green ihr eigen zu nennen. Ihr geliebtes Haus in der Clay Street Nr. 627 wurde dann auch zu ihrem größten Triumph. In ihrer Autobiographie schrieb sie, daß es »über 25 Jahre lang als luxuriöser Vergnügungspalast bekannt war, der betuchten Kunden aus allen Teilen des Landes die ausgefallensten Liebesdienste anbot«.

Pauline war eine hervorragende Köchin und ergänzte die Fertigkeiten ihrer Mädchen, indem sie ihnen kleine Küchentricks beibrachte. Das folgende Gericht stammt aus der Küche in der Clay Street und ist im Süden heute noch populär. Es wird als Hors d'œvre oder Salatgang gereicht.

Südstaaten-Kaviar »Falscher Luxus«

Dieses Rezept zeigt, wie man aus einer schlichten Grundzutat ein raffiniertes Gericht machen kann. Es ist eine wirklich köstliche Vorspeise!

400 g schwarze Bohnen aus der Dose
1 große grüne Paprikaschote, geputzt und in Würfel geschnitten
1 große rote Paprikaschote, geputzt und in Würfel geschnitten
3 Zwiebeln, geschält und in Würfel geschnitten
2 Bund Petersilie, fein gehackt
3 Möhren, fein gerieben
3 Knoblauchzehen, geschält und fein zerdrückt
1 kleiner Peperoncino, fein gehackt
200 ml Olivenöl
5–7 EL Weißweinessig
1 EL Worcestershiresauce
Salz und Pfeffer nach Belieben

Die schwarzen Bohnen mit grünem und rotem Paprika, Zwiebeln, Petersilie, Möhren, Knoblauch und Peperoncino vermischen.
Öl, Essig, Worcestershiresauce, Salz und Pfeffer zu einer Vinaigrette verquirlen und die Salatzutaten damit marinieren.
Den Salat zugedeckt für einige Stunden oder besser über Nacht in den Kühlschrank stellen. Mit Crackers oder Tortilla Chips oder auf grünen Salatblättern servieren.
(Ergibt 6–8 Portionen)

In ihrer äußerst freizügigen Autobiographie gestattet Pauline Tabor uns auch einen Blick auf das Weihnachtsfest in einem Freudenhaus – etwas, woran wir vorher nie gedacht hätten, das uns aber seither nachhaltig beschäftigt. »In den meisten Bordellen ist Weihnachten sterbenslangweilig«, schreibt sie. »In dieser besinnlichen Zeit verzichten die meisten Herren nämlich auf fleischliche Vergnügungen und sind vollauf mit

ihren Familien beschäftigt oder nach den Ausgaben für die Weihnachtseinkäufe völlig abgebrannt. In den anderen Häusern bekommen die meisten Mädchen über die Feiertage frei, um Weihnachten und Neujahr mit ihren Familien feiern zu können. So bleibt in den meisten Häusern nur das allernötigste Personal zurück: die Chefin, ein paar Mädchen, die keine Familie haben, mit der sie feiern könnten, und einige nebenberufliche Prostituierte, die ihr Ferienbudget aufbessern wollen und die Kunden bedienen, die ganz spezielle Weihnachtswünsche haben.«
Da die meisten Südstaatenladies die ganze Obsterntezeit hindurch Früchte einmachten, gab es das ganze Jahr über wunderbare Obstspeisen. Auf den Speisekarten tauchten sie außerordentlich oft auf. Das folgende Rezept gibt jedem Menü, das einen glanzvollen Abschluß braucht, den nötigen Pfiff.

Obstauflauf mit Brandy

6 mittelgroße Pfirsiche, geschält und in Stücke geschnitten
250 g Beeren (vorzugsweise Brombeeren)
6 cl Brandy
6 EL Speisestärke
120 g brauner Zucker
500 g Hafermehl
125 g kalte Butter, in Stückchen geschnitten
1 TL Backpulver
1 TL Zimtpulver
1/8 l Buttermilch
Saft und abgeriebene Schale von 1 unbehandelten Zitrone
8 Kugeln Vanilleeis

In einer großen Schüssel Pfirsiche, Beeren, Brandy, Speisestärke und braunen Zucker vermischen und 15 bis 20 Minuten durchziehen lassen. Den Backofen auf 175° C vorheizen.

Hafermehl, Butter, Backpulver und Zimt in einem Mixer vermischen und solange immer wieder an- und ausschalten, bis die Mischung von der Konsistenz her grobem Mehl ähnelt. Dann Buttermilch, Zitronensaft und -schale zugeben und alles zu einem weichen Teig verarbeiten.
Die Obstmischung noch einmal durchrühren und in eine gefettete Auflaufform geben. Den Teig mit einem Eßlöffel darüber verteilen und die Oberfläche glattstreichen.
Den Auflauf auf der mittleren Schiene des vorgeheizten Backofens etwa 30 Minuten lang backen. Die Oberfläche sollte goldbraun sein und kleine Blasen werfen.
Herausnehmen und auf Zimmertemperatur abkühlen lassen. Mit Vanilleeis servieren.
(Ergibt 8 Portionen)

Mit besonderem Vergnügen erzählt Pauline von der Tradition ihres Hauses, sich zu Weihnachten einer bedürftigen Familie anzunehmen. Das erste Mal hatten sie sich freiwillig zur Teilnahme an der Familienunterstützungsaktion der lokalen Zeitung gemeldet. Der Herausgeber wollte jedoch auf keinen Fall »von einem Hurenhaus mildtätige Gaben annehmen«. Als Pauline jedoch damit drohte, eine eigene Aktion ins Leben zu rufen, die diejenige der Zeitung sicher in den Schatten gestellt hätte, willigte er zähneknirschend ein. Er rächte sich auf seine Weise, indem er Pauline und ihren Mädchen den schwierigsten und auch kostspieligsten Fall der ganzen Stadt zuwies. Es handelte sich um eine schwarze Großfamilie, die dem Verhungern nahe war: Mutter, Vater und zwölf Kinder im Alter von sieben Monaten bis zu siebzehn Jahren.
Das House on Clay Street trat in Aktion. Die Frauen warteten nicht bis Weihnachten, sondern sandten umgehend Tonnen von Heizkohle in das bis dahin ungeheizte Heim der Familie, dazu Decken, Möbel und das Nötigste an Nahrungsmitteln und Kleidern. Für das Weihnachtsfest selbst schafften sie eine riesige Spielzeugsammlung heran und verbrachten Stunden damit, Truthähne und Schinken zu braten sowie Kekse und andere Weihnachtsleckereien herzustellen. Dann heuerten sie einen dicken

Feuerwehrmann an, der sie als Santa Claus verkleidet zu »ihrer« Familie begleitete. Keine andere bedürftige Familie kam in der ganzen Geschichte der Wohltätigkeitsaktion der Zeitung je an Weihnachten in den Genuß von soviel Überfluß! Natürlich entdeckte der widerstrebende Herausgeber die Hintergedanken hinter Paulines Großzügigkeit. Doch er war schlau genug zu erkennen, daß sie ihm damit nur vergalt, daß er ihr aus Gehässigkeit den schwierigsten Fall zugewiesen hatte, und begrüßte ihre Teilnahme in den folgenden Jahren wärmstens.
Uns erinnert die Geschichte an einen ganz alten Südstaatenbrauch:

Christmas Turkey

Der Truthahn an Weihnachten war und ist Tradition im Süden der USA. Selbst wenn man den königlichen Vogel eigentlich nicht mag, serviert man ihn dennoch. Und das gleiche gilt für die Maisbrot-Füllung. Es gibt so viele Rezepte für die Maisbrot-Füllung, daß es schwierig ist, eine davon auszuwählen. Das Rezept, das wir hier anbieten, wurde jedoch von Feinschmeckern zum besten erklärt.
Kurz etwas zum Braten des Truthahns: Die Garzeiten von früher treffen heute nicht mehr zu, da die Truthähne heute überwiegend in Farmen gezüchtet werden und dadurch das Fleisch zarter ist, als bei freilaufenden Tieren.
Am saftigsten werden die Puten, wenn man sie bei mittlerer Temperatur, etwa 160° C, und nicht zu lange gart. Damit das Fleisch nicht zu trocken wird, kontrollieren Sie den Garzustand am besten mit dem Bratenthermometer. Zeigt die Temperatur in der Keule 80° C an, ist das Fleisch gar und saftig. Vor dem Tranchieren unbedingt 10–15 Minuten ruhen lassen.

Maisbrot-Füllung

1 kg Maisbrot (ersatzweise Weißbrot), in große Stücke gebrochen
6 Speckscheiben
250 g Zwiebeln, geschält und in kleine Würfel geschnitten
250 g Knollensellerie, geschält und in kleine Würfel geschnitten
1 TL gehackte Salbeiblätter
2 Eier
1/4 l Buttermilch
1 TL Worcestershiresauce
1/2 TL Tabascosauce
Salz und Pfeffer nach Belieben

Das Maisbrot auf einem Backblech ausbreiten und solange in dem auf 150° C vorgeheizten Ofen lassen, bis es ganz trocken ist. Dann in eine große Schüssel geben.
Den Speck in einer Pfanne so lange braten, bis er knusprig geworden ist. Dann herausnehmen und zerkrümeln, das Fett in der Pfanne belassen und die Zwiebeln und den Sellerie darin weich dünsten. Sie dürfen aber nicht bräunen.
In einer kleinen Schüssel Salbei, Eier, Buttermilch, Worchestershiresauce und Tabasco verquirlen, dann den Speck und das geschmorte Gemüse unterheben. Über das Maisbrot gießen und alles gut durchrühren. In eine große Kasserolle füllen und bei 160° C etwa 1 Stunde lang backen und dabei hin und wieder mit dem ausgetretenen Bratensatz beträufeln.
(Ergibt ausreichend Füllung für einen Truthahn in Thanksgiving-Größe [das ist ein ziemlich großer Truthahn] von etwa 4–5 kg)

Die aufregendste Weihnachtsfeier, die bei Pauline jemals stattfand, hatte eine Hochzeit als Höhepunkt. Ein Mädchen namens Terrific (»die Schreckliche«) sollte einen reichen Viehhändler heiraten. Terrific hatte das oberste Gebot ihres Gewerbes gebrochen: Sie hatte sich in einen Kunden verliebt. Zu ihrem Glück war dieser jedoch von ihr genau-

so hingerissen. Beide baten Pauline, sie im House on Clay Street heiraten zu lassen, wo ihre Liebe erblüht war, und drängten sie außerdem, die Braut eigenhändig dem Bräutigam zu übergeben.
Pauline protestierte: »Hat man schon jemals von einer Hochzeit in einem Freudenhaus gehört?« fragte sie. »Und noch dazu an Weihnachten? Und wer hat schon mal gehört, daß eine Freudenhauschefin dem Bräutigam die Braut übergibt? Verdammt noch mal, so jemand gibt niemals irgend etwas her!«
Nichtsdestotrotz fand die Hochzeit im Empfangszimmer des Freudenhauses statt, und Pauline übergab die Braut dem Bräutigam. Die Braut trug weiß, und Pauline (die für diese Rolle stämmig genug war) war als Santa Claus verkleidet. Und natürlich wurde es die Hochzeit des Jahres in Bowling Green, obwohl den wenigsten Normalbürgern die Ehre einer Einladung zuteil wurde.
Die Gäste wurden mit einem beinahe tödlichen Getränk empfangen, der mit »heavy rum« zubereitet war. Dabei handelt es sich um den braunen Jamaikarum, der damals gerade in Mode war. Heute wird statt dessen oft puertoricanischer Rum oder ein anderer guter Inselrum verwendet.

Kalter Hochzeits-Punsch

Unbedingt kalt servieren! Gehen Sie nicht zu oft an das Bowleglas – Sie würden es sehr bereuen!

2 unbehandelte Zitronen, in dünne Scheiben geschnitten
1/4 l Brandy
Fruchtfleisch von 1 kleinen Ananas, in Scheiben geschnitten
125 g Zucker
1/4 l grüner Tee
1/8 l Rum
1/4 l Pfirsichlikör
1 l Clubsoda
1 Flasche Champagner

Die Zitronen in eine große Schüssel geben und mit Brandy übergießen. Zugedeckt mindestens einen Tag durchziehen lassen.
Dann die Ananasscheiben dazugeben und die Mischung wieder eine Stunde stehenlassen.
Anschließend in einen ausreichend großen Behälter abseihen.
Zucker, Tee, Rum und Pfirsichlikör zugeben, gut umrühren und den Punsch kaltstellen.
Kurz vor dem Servieren über einen Eisblock oder reichlich Eiswürfel gießen und mit Clubsoda und Champagner auffüllen. Noch einmal umrühren und genießen.
(Ergibt ca. 25 Portionen)

In den meisten Südstaaten-Clans war der »Groom's Cake« (Bräutigamskuchen) eine Familientradition und wurde oft zum sogenannten Rehearsal Supper serviert. (In Amerika wird am Tag vor der Hochzeit gewöhnlich eine Art Probedurchlauf für die Hochzeitsfeierlichkeiten absolviert. Danach findet ein gemeinsames Essen statt, das Rehearsal Supper.) Das folgende Rezept ist ungewöhnlich, da es die Zutaten eines Gewürz- und eines Schokoladenkuchens zu einem köstlichen dunklen Kuchen kombiniert. Aber erst der saftige, fruchtige Belag macht diesen Nachtisch zu einem Meisterstück.

Göttlicher Bräutigamskuchen

120 g weiche Butter
200 g Zucker
3 Eier
1/4 l Buttermilch
2 TL Backpulver
400 g Mehl
2 EL Kakaopulver
1 EL Zimtpulver
1 TL gemahlener Muskat
1/2 TL gemahlene Nelken
1/2 TL Salz
1 Apfel, geschält und gerieben

Den Backofen auf 175° C vorheizen.
Butter und Zucker mit dem Handrührgerät cremig rühren und nach und nach die Eier dazugeben. Es muß eine schaumige Masse entstehen.
Alle trockenen Zutaten vermischen und nach und nach abwechselnd mit der Buttermilch unter den Teig rühren. Zum Schluß den geriebenen Apfel unterheben.
Den Teig in eine gefettete und gemehlte Kastenform von 30 cm Länge füllen. Im vorgeheizten Backofen 30 Minuten lang backen. Die Oberfläche muß goldbraun sein und der Kuchen beim Drücken elastisch nachgeben.
Auf einem Kuchengitter auskühlen lassen. Aus der Form nehmen und mit gekühltem Obst-Nuß-Belag bestreichen (Rezept folgt).
(Ergibt 16–18 Stück)

Obstbelag für den Bräutigamskuchen

3 getrocknete Pfirsich- oder Aprikosenhälften, kleingeschnitten
6 cl Pfirsichlikör
500 g Ananasfruchtfleisch, in sehr kleine Stückchen geschnitten
200 g Kokosraspeln
Saft und geriebene Schale einer unbehandelten Orange
200 g gehackte Haselnüsse
100 g brauner Zucker
1/8 l Milch

Die kleingeschnittenen getrockneten Pfirsiche und den Pfirsichlikör in einem Topf vermischen und bei schwacher Hitze quellen lassen.
Die restlichen Zutaten dazugeben und bei mittlerer Hitze etwa 10 Minuten lang unter ständigem Rühren kochen lassen, bis die Mischung dickflüssig geworden ist. Abkühlen lassen und auf dem ausgekühlten Bräutigamskuchen verstreichen.

Da es vor dieser formlosen Hochzeit in der Clay Street natürlich keinen Probedurchlauf und deswegen auch kein Rehearsal Supper gab, wurde der Bräutigamskuchen beim Empfang direkt nach der Zeremonie serviert – dazu Champagner mit einem Spritzer Brandy. Was wohl aus dem glücklichen Paar geworden ist? Als man zuletzt von ihnen hörte, hatte ihre ungleiche Ehe bereits 22 Jahre lang gehalten, vier Söhne hervorgebracht und schien auf einer wohlhabenden Farm in Texas noch voll im Gange zu sein.

5 San Francisco erbebt

Der kalifornische Goldrausch verlieh der Goldgräberei eine ganz neue Dimension. San Francisco wurde damals schätzungsweise zum Hauptquartier von über 10.000 Straßenmädchen, bevor es dort überhaupt richtige Straßen gab (ein zufälliges Wortspiel …). Die Goldgräber bezahlten oft mit frisch geschürftem Gold – manchmal sogar sechs Unzen pro Nummer. Dafür hatte zum Beispiel das berühmt-berüchtigte Freudenhaus »Bella Union«, das von 1849 bis 1906 existierte, Mädchen mit so vielversprechenden Namen wie »Rotary Rose« und »Always Ready Rita« zu bieten.
Allzeit bereit wie jene Rita ist auch das folgende Pesto-Pasta-Gericht, das dem Nudelsalat eine willkommene neue Geschmacksnote, wenn nicht sogar ein völlig neues Ansehen verleiht. Im Gegensatz zu der in den USA vorherrschenden Meinung stammt der Nudelsalat nicht aus Kalifornien, sondern kam zuerst in Italien auf. Der Mischmasch aus Pasta, Tomaten, Basilikum, Olivenöl, Knoblauch und anderen Gewürzen wurde dort als Beilage serviert. Aber erst die Kalifornier führten den Nudelsalat in ungeahnte Höhen (oder in vorher nie erreichte Tiefen, wie manche Küchenpuristen behaupten). Insofern stimmt es also: Der Nudelsalat, wie wir ihn hier beschreiben, ist eine Innovation aus Kalifornien. Und genau wie die tatkräftige Rita ist er »allzeit bereit«, da man ihn gut vorbereiten und im Kühlschrank aufbewahren kann.

Nudelsalat mit Pesto

In diesem Gericht hat sich die Pasta als Reis verkleidet. Sie können natürlich auch Reis oder Nudeln dafür verwenden.

500 g Reisnudeln, al dente gekocht, kalt abgeschreckt und abgetropft
2 große Bund Basilikum (oder halb Basilikum und halb Petersilie)
4 Knoblauchzehen
120 g Pinienkerne
Salz und Pfeffer nach Belieben
1/8 l Olivenöl
120 g frisch geriebener Parmesan

Die gekochten Reisnudeln in eine große Servierschüssel geben.
Die Kräuterblätter von den Stielen zupfen und mit den übrigen Zutaten im Mixer nicht zu fein pürieren. Die Pestosauce zu den Nudeln geben und alles gut vermengen. Gekühlt als Salatbeilage oder Vorspeise servieren. Gibt man noch etwas Fleisch oder Geflügel dazu, wird daraus eine sättigende Mahlzeit.
(Ergibt 6–8 Portionen)
Tip: Pesto wurde ursprünglich mit Hilfe von Mörser und Stößel zubereitet. Schneller geht es mit einem Mixer. Aber man sollte unbedingt darauf achten, daß die Mischung nicht zu fein püriert wird.

Die Dame des horizontalen Gewerbes, über die in den frühen Jahren von San Francisco wahrscheinlich am meisten geredet wurde, war Belle Cora, die Tochter eines Pfarrers aus Baltimore. Sie kam aus New Orleans nach San Francisco und hatte schon in frühen Jugendjahren das fromme Pfarrhaus hinter sich gelassen, um eine der ideenreichsten Bordellwirtinnen im ganzen Gewerbe zu werden. Wie vielseitig die von ihr angebotenen Dienstleistungen waren, deutet sich schon in einem frühen Foto von ihr an, das in einer Galerie an der Westküste hängt. Es zeigt Belle im Damensattel auf einem Spielzeugpferd, die Peitsche in der Hand – bereit zum Zuschlagen!

Zu den beliebtesten Attraktionen von San Francisco zählte Madam Gareilles sogenannter »Virgin Room«. Leichtgläubige Kunden wurden dort einer professionellen »Jungfrau« zugeführt, die die ahnungslosen Burschen hinters Licht führte und ein vorher festgelegtes Programm mit ihnen absolvierte. Für einen saftigen Preis konnten andere Kunden die Vorstellung wie in einer Peepshow durch Gucklöcher beobachten. Einige von ihnen waren früher selbst einmal auf die Jungfrauennummer hereingefallen – und dabei ebenfalls durch die Gucklöcher beobachtet worden. Für sie war die Irreführung neuer Opfer stets Balsam auf ihre Wunden, da sie ja die gleiche Schmach erlitten hatten. Nur allzugerne waren sie dabei behilflich, neue Kunden anzulocken, die die erfahrene Schauspielerin »deflorieren« sollten.

Solch schändliches Betragen glichen die Damen der »besseren Salonhäuser« aus, indem sie ihre Räumlichkeiten hübsch gestalteten und Speisen und Getränke servierten, die ein gewisses Mindestmaß an Raffinesse offenbarten. Da war zum Beispiel das sogenannte »Brandy Pillow« (Brandy-Kopfkissen), ein »Betthupferl«, das damals ganz schlicht aus Brandy, Milch und Zucker hergestellt wurde. Und wenn kein Brandy im Haus war, ersetzte man ihn ungeniert durch irgendein anderes hochprozentiges Getränk, das gerade zur Hand war. Hier dagegen eine Version, die ihres besten Cognacs würdig ist:

Schlaftrunk »Brandy Pillow«

250 ml Fruchtsorbet, Geschmacksrichtung nach Belieben
250 ml Vanilleeis
1/8 l Brandy
Eiswürfel

Alle Zutaten bis auf die Eiswürfel im Mixer kurz durchmixen. Dann nach und nach die Eiswürfel dazugeben und weitermixen, bis eine softeis-ähnliche Konsistenz erreicht ist. In Sorbetgläser mit Stiel füllen.
(Ergibt 4 Drinks)
Tip: Ganz besonders edel sieht es aus, wenn man den Drink in Silberschalen serviert, die man vorher im Gefrierschrank geeist hat.

Frittata

Die schlauen Damen stellten auch einfache Eierspeisen zusammen, die sie Übernachtungsgästen oder anderen hungrigen Kunden zu jeder Tages- und Nachtzeit servieren konnten. Teilweise ähnelten diese Gerichte dem, was wir heute als Frittata bezeichnen. Eine Frittata ist ein italienisches Omelett. Im Gegensatz zum gefalteten und gefüllten französischen Omelett werden bei der Frittata die verschiedenen Zutaten bereits unter die Eier gemischt. Davon gibt es unzählige Variationen. Einige der beliebtesten stellen wir Ihnen hier vor:

4 EL Olivenöl
2 Knoblauchzehen, geschält und fein zerdrückt
1 Zwiebel, geschält und in dünne Scheiben geschnitten
je 1 große rote, grüne und gelbe Paprikaschote, geputzt und in dünne Streifen geschnitten
Salz und Pfeffer nach Belieben
8 Eier
120 g frisch geriebener Parmesan

Den Backofen auf 160° C vorheizen.
2 EL Olivenöl in einer großen Pfanne erhitzen und Knoblauch und Zwiebeln darin glasig dünsten. Paprikastreifen, Salz und Pfeffer zugeben und solange unter Rühren garen lassen, bis das Gemüse weich geworden ist. Beiseite stellen.
Die Eier in einer großen Schüssel verquirlen und die Paprikamischung unterrühren. Das restliche Öl auf dem Herd in einer Pfanne mit backofengeeigneten Griffen erhitzen und die Eiermischung hineingießen. Mit dem geriebenen Käse bestreuen. Die Hitze reduzieren und braten, bis die Ränder zu stocken beginnen. Dann die Pfanne in den vorgeheizten Backofen geben und die Frittata 15 bis 20 Minuten goldbraun backen. Wie eine Torte in Stücke schneiden und sofort servieren.
(Ergibt 4–6 Portionen)
Tip: Fans von übriggebliebener Frittata behaupten, daß sie kalt oder bei Zimmertemperatur noch besser schmeckt. Manche belegen sogar Sandwiches damit! Probieren Sie es einfach aus!

Spinat: Statt des Paprikas 450 g blanchierte und abgetropfte Spinatblätter verwenden und mit Muskat würzen.
Kartoffeln: Statt des Paprikas 400 g gekochte und in Scheiben geschnittene Kartoffeln und statt des Parmesans 120 g grob geriebenen Schweizer Käse verwenden.
Tomaten-Zucchini: Statt des Paprikas jeweils 250 g Tomaten- und Zucchiniwürfel dazugeben und mit feingeschnittenen Basilikumblättern abschmecken.

Im Jahre 1853 hatte San Francisco 48 First-Class-Salonhäuser, 150 Etablissements zweiter Klasse und unzählige Lasterhöhlen und Puffs. Und wie zu früheren Zeiten wurden in manchen Gegenden einfach in der Nachbarschaft von behelfsmäßigen Bars Zelte für die Mädchen aufgeschlagen. Diese Bars bestanden lediglich aus einigen breiten Holzplanken, die auf Fässern lagen, waren aber doch stabil genug, um ein paar Krüge des gerade gängigen Gesöffs auszuhalten.
Auch Lola Montez, als Mätresse von König Ludwig I. von Bayern berühmt geworden, kam nach San Francisco. Nicht nur um den neureichen Goldgräbern und sonstigen Beutemachern ihre körperlichen Reize zur Verfügung zu stellen, sondern auch um auf der Bühne Erfolge zu feiern. Sie unterrichtete und tanzte ihre ganz eigene Version des »Jig« (auch »Gigue«). Lolas Kassenerfolg war hauptsächlich auf das Gerücht zurückzuführen, sie hätte einst König Ludwig innerhalb von 24 Stunden zehn Orgasmen verschafft. So mancher Freier schlug ihr vor, diese Glanzleistung noch einmal zu wiederholen – und zwar mit ihm. Der Skandal, der durch Lolas Possen mit dem König hervorgerufen worden war, hatte letztendlich zu seiner Abdankung geführt und stellte im Lebenslauf einer berühmten Kurtisane offen-

sichtlich eine Empfehlung dar. »Was immer Lola will, das bekommt sie auch!« hätte ihr persönliches Motto sein können. Unter ihren früheren Errungenschaften waren auch Alexandre Dumas, Franz Liszt und dessen Vater. Die Affäre mit dem König aber war ihr Meisterstück. Von all diesen Anstrengungen ruht sie sich heute auf einem Friedhof in Brooklyn aus.

Dolly Adams, berüchtigt als »Girl in the Fishbowl« (Mädchen im Aquarium), feierte ihr Bühnendebut um 1873 im Bella Union Theater, wo sie als »The Water Queen« angekündigt wurde. Ihre Vorstellung bestand aus Tauchen, Schwimmen und anderen eher harmlosen Manövern in einem Wassertank aus Glas, der von gierig glotzenden Bühnenarbeitern ins Rampenlicht gerollt wurde. Dolly war zwar erst elf Jahre alt, verfügte aber über die nötigen körperlichen Reize und einen entsprechenden Erfahrungsschatz, so daß sie für älter gehalten wurde. Da ihre Übungen bestenfalls als unspektakulär bezeichnet werden konnten, wurde das zahlende Publikum hauptsächlich durch ihren für damalige Zeiten aufsehenerregend knappen Badeanzug entschädigt.

San Francisco wuchs und gedieh und seine »feine Gesellschaft« nahm langsam Formen an. Sie bestand hauptsächlich aus wenig beeindruckenden Neureichen. Ohne Zweifel verdienten sie den Spott, der ihnen in Liedern und Knittelversen entgegengebracht wurde. Sehr einprägsam ist der folgende Vierzeiler, der von einem anonymen Versschmied stammt und gerne zitiert wurde:

> The miners came in forty-nine
> The whores in fifty-one
> And when they got together
> They produced the native son.
>
> (Neunundvierzig kamen die Minenarbeiter,
> einundfünfzig die Huren,
> und als sie aufeinandertrafen
> entstand daraus der Einheimische.)

Einige der halbseidenen Frauen heirateten tatsächlich Männer von hohem Ansehen und großem Reichtum. Eine davon, die eigentlich auf den Namen Caroline Decker Smith getauft worden war, betrieb nacheinander sechs Salons unter den Namen Maud Thomas, Maud Corrigan, Maud Ulman und, zu guter Letzt, Maud Nelson. Zur Ruhe setzte sie sich schließlich als Maud Nelson Fair, Schwiegertochter von James G. Fair, dem Comstock-Lode-Millionär und früheren US-Senator (Comstock Lode ist eine berühmte Gold- und Silbermine in der Nähe von Virginia City im Bundesstaat Nevada). Ihr Ehemann war Charly, der zweite Sohn des Ex-Senators, der ein überzeugter Alkoholiker und in jeder Hinsicht ein Genießer war. Die *Oakland Tribune* berichtete freudig, Charles L. Fair hätte soeben »eine große und ungewöhnlich stämmige Blondine« geheiratet, und fügte hinzu: »Fair hielt sich außerordentlich gerade und schien nichts getrunken zu haben.«

Champagner war das mit großem Abstand beliebteste Getränk in den Salons und verschaffte den Bordellchefinnen manchmal mehr Gewinn als die Dienstleistungen der Mädchen. Die Häuser wurden zu so wichtigen Abnehmern für die Weinhändler, daß man ihnen nachsagte, die eigentlichen Protektoren des Gewerbes zu sein. Sie versorgten die Damen angeblich mit allem, angefangen von der Rente bis hin zur Gerichtskaution und – als besonderen Beweis für ihre Verbundenheit – mit kostenlosem Champagner für die halbjährlich stattfindenden ausgelassenen Feiern.

Ein bevorzugtes Gericht bei diesen Feierlichkeiten war in Champagner gedünsteter Lachs. Das folgende modernisierte Rezept verdient besondere Beachtung. Mit Dill garniert und auf einer extravaganten Fischplatte serviert sieht der Lachs wirklich beeindruckend aus.

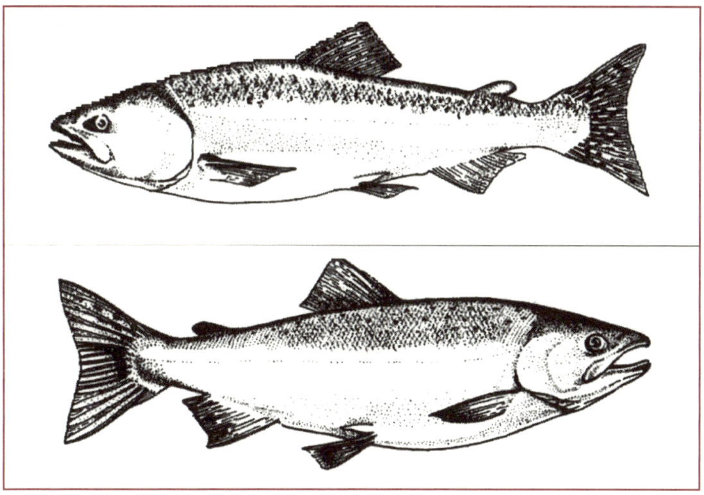

Lachs in Champagner

1 frischer, küchenfertiger Lachs von etwa 2,5 kg
1 unbehandelte Orange, in feine Scheiben geschnitten
1 große Zwiebel, geschält und in dünne Scheiben geschnitten
2 unbehandelte Zitronen, in feine Scheiben geschnitten
3 Speckscheiben
1/2 Flasche kalifornischen Champagner
frische Dillzweige zum Garnieren

Den Backofen auf 200° C vorheizen.
Den Lachs auf ein großes Stück extrastarke Alufolie legen. Die Bauchhöhle mit Orangenscheiben, Zwiebelringen und den Scheiben einer Zitrone füllen. Die restlichen Zitronenscheiben oben auf den Lachs legen und mit den Speckscheiben bedecken. Die Folienränder seitlich hochbiegen, so daß eine Schale entsteht, und den Fisch in der Folie auf ein Backblech legen. Den Champagner über den Lachs gießen. Dann den Fisch mit einem weiteren Stück extrastarker Alufolie bedecken und die Ränder beider Folienstücke gut zusammendrücken. 35 bis 45 Minuten im vorgeheizten Backofen garen. Mit einer Gabel an der Rückenflosse prüfen, ob der Fisch gar ist.
Der Lachs schmeckt sowohl heiß als auch kalt köstlich.
(Ergibt 8–10 Portionen)

Kalifornische Gurkensauce

Als Beilage zu dem in Champagner gedünsteten Lachs eignet sich gut die folgende erfrischende Sauce:

2 Salatgurken, geschält und entkernt
1/4 l Wasser
1–2 EL Salz
2–3 EL Zucker
4–5 EL Weißweinessig
200 g saure Sahne
evtl. Paprikapulver zum Bestäuben

Die Gurken in feine Scheiben schneiden. Mit dem Wasser, Salz, Zucker und Essig in eine Schüssel geben und gründlich vermischen. Zugedeckt mindestens eine Stunde durchziehen lassen. Dann auf ein Sieb geben und die Gurkenscheiben abtropfen lassen.
Die Gurkenscheiben mit der sauren Sahne vermischen und eventuell mit etwas Paprikapulver bestäuben.
(Ergibt 8 Portionen)

Edward M. Greenway, ein ehrgeiziger Geschäftsmann, der als Exklusivvertreter einer beliebten Champagnermarke das große Los gezogen hatte, wachte über das gesellschaftliche Leben in San Francisco. Der Reichtum, den er durch die Provisionen aus dem Champagnerverkauf erlangte, verschaffte ihm genügend Einfluß, um eine lose Vereinigung zu gründen, die unter dem Namen »The Bachelors' Cotillion Club« (ein Cotillon ist ein Gesellschaftstanz) bekannt war. Mit Hilfe dieses Clubs wurde er zur entscheidenden Instanz für gesellschaftliche Debüts und führte die begehrten »Greenway dances« ein. Das war eine Reihe von eleganten gesellschaftlichen Veranstaltungen während des Winters, deren Gästeliste er immer selbst festlegte. Seine Auswahl die Mädchen betreffend bezog sich nicht nur auf ihre Eigenschaften und den Einfluß ihrer Familien, sondern auch auf sein persönliches Verhältnis zu den Mitgliedern dieser

Familien. Laut einem Zeugen aus dieser Zeit konnte eine potentielle Debütantin trotz ihrer Schönheit und der guten Verbindungen ihrer Familie außer acht gelassen werden, weil Greenway zum Beispiel einen alten Groll gegen ihren Vater hegte oder er die Goldzähne ihrer Mutter zum Davonlaufen fand. Egal aus welchen Gründen, eine Debütantin, die es nicht schaffte, eine Einladung zu erhalten, war gesellschaftlich sozusagen durchgefallen. Sie konnte dann den Winter damit zubringen, über einen Ausweg aus ihrem Schlamassel nachzudenken.

Am anderen Ende der Stadt betrieb derweil ein »Import aus China« die Prostitution am eifrigsten. Sie hieß Ah Toy und war eine geraume Zeit lang die einzige chinesische Hure von ganz San Francisco. Normalerweise bedienten nur die ältesten und unattraktivsten Frauen chinesische Männer. Deswegen standen die Söhne Chinas angeblich in einer Schlange, die um ganze Häuserblocks reichte, und warteten bis zu sechs Stunden lang auf eine Nummer mit Ah Toy. Ganze Bootsladungen von Chinesen landeten damals in San Francisco, um dort Straßen, Brücken und Häuser zu bauen, und die einzigen für sie verfügbaren Frauen des horizontalen Gewerbes sollten alt und häßlich sein! Anstatt sich also mit einer zahnlosen alten Vettel zu begnügen, warteten sie lieber einen ganzen Tag lang auf eine Nummer mit der jungen schönen Landsmännin.

Nach Monaten totaler Überarbeitung bekam Ah Toy schließlich Unterstützung. Eine andere Chinesin kam in der Stadt an, begierig an leichtverdientes Geld zu kommen, und tat sich sofort mit Ah Toy zusammen. Als die Einwanderungswelle aus China nicht abriß, heuerten die beiden noch andere neu angekommene Mädchen an, und schon nach kurzer Zeit führte Ah Toy eine ganze Reihe extrem gut besuchter Bordelle. Und trotz ihrer Überlastung in jungen Jahren sollte Ah Toy 100 Jahre alt werden und als reiche Frau sterben. Sie hat es nicht bedauern müssen, daß das San Francisco ihrer Jugend von political correctness noch nichts wissen wollte.

Political correct oder nicht, in Chinatown von San Francisco wird heute eine der besten Küchen dieser Welt gepflegt. Und der warme Geflügelsalat, der hier erfunden wurde, zählt zu den Lieblingsgerichten der Stadt:

Warmer Geflügelsalat

1 küchenfertiges Hähnchen
Salz und Pfeffer nach Belieben
1 Eissalat, in feine Streifen geschnitten
1 Bund Frühlingszwiebeln, mit dem Grün in dünne Scheiben geschnitten
1 Bund Koriandergrün, gehackt
4–5 EL Sesamsamen, geröstet
100 g chinesische Glasnudeln, kleingeschnitten und knusprig gebraten
1/8 l Zitronen-Soja-Sauce (siehe folgendes Rezept)

Den Backofen auf 200° C vorheizen.
Das Hähnchen mit Salz und Pfeffer würzen und etwa eine Stunde im heißen Backofen goldbraun braten. 5 bis 10 Minuten bei Raumtemperatur stehenlassen, dann die knusprige Haut entfernen und das Geflügelfleisch ablösen. Haut und Fleisch kleinschneiden und zusammen mit den übrigen Zutaten in eine große Salatschüssel geben. Den Salat gut mit der Zitronen-Soja-Sauce vermischen und servieren, solange das Hähnchen noch warm ist.
(Ergibt 4 Portionen)

Zitronen-Soja-Sauce

100 ml Erdnußöl
2–3 EL Zitronensaft
1 EL Sojasauce
1 TL Zucker
1 TL abgeriebene Zitronenschale
1 TL Senf
1 Knoblauchzehe, geschält und fein zerdrückt

Alle Zutaten in eine Schüssel geben und gut verquirlen.
(Ergibt 1/8 l Salatsauce)

Tip: In Kalifornien mischt man entweder feingeschnittene Eissalatblätter unter den Geflügelsalat oder man hüllt die Salatportionen in ganze Salatblätter ein. Je nachdem, wie sehr Sie Eissalat mögen, bleibt es Ihnen überlassen, wie Sie den Geflügelsalat servieren wollen.

Das bevorzugte Dessert nach warmem Geflügelsalat sind chinesische Mandelkekse. Wir haben noch nie Kekse gegessen, die besser waren als diese hier:

Chinesische Mandelkekse

180 g Pflanzenfett, z. B. Palmin oder Biskin
180 g Zucker
2 Eier
1 EL Mandelaroma
650 g Mehl
1 TL Backpulver
1 Prise Salz
250 g Mandeln, abgezogen und halbiert

Den Backofen auf 175° C vorheizen.
Das Fett mit den Schneebesen eines Handrührgerätes solange schlagen, bis es cremig ist. Nach und nach den Zucker zugeben und solange weiterschlagen, bis sich der Zucker aufgelöst hat. Ein Ei und das Mandelaroma unterrühren und zu einer schaumigen Masse schlagen.
Mehl sieben, mit Backpulver und Salz vermischen und erst unter die Schaummasse rühren, dann unterkneten. Es muß ein sehr fester Teig entstehen.
Mit einem Teelöffel kleine Portionen vom Teig abstechen und mit den Händen zu Kugeln von etwa 2,5 cm Durchmesser formen. Die Kugeln mit jeweils 5 cm Abstand auf ein gefettetes Backblech setzen. Dann je-

de Kugel mit der Hand oder dem Boden eines Glases bis auf eine Höhe von etwas mehr als 1 cm flachdrücken und jeweils eine Mandelhälfte mit der gewölbten Seite nach oben daraufsetzen. Das zweite Ei verquirlen und die Kekse damit bestreichen.
Die Kekse im vorgeheizten Backofen 15 Minuten goldbraun backen. Auf einem Kuchengitter vollständig abkühlen lassen und in einem luftdicht verschlossenen Behälter aufbewahren.
(Ergibt ca. 50 Kekse)

Tip: Wenn Sie unter die Eiermischung zum Bestreichen der Kekse etwas rote Lebensmittelfarbe mischen, dann werden es echte »Glückskekse«. Die rote Farbe bedeutet im Chinesischen Glück.

In der Geschichte des horizontalen Gewerbes gilt eine Hure als »Mutter« aller Huren überall auf der Welt. Es ist Sally Stanford, die, nachdem sie sich zur Ruhe gesetzt hatte, von der Presse als »San Franciscos emeritierte Madam« tituliert wurde. Zuvor war sie dagegen stets als »San Franciscos erste Geschäftsfrau« bezeichnet worden. Letztere Beschreibung entsprang nicht der journalistischen Übertreibung, die damals gang und gäbe war, sondern traf durchaus ins Schwarze. Sally war brillant, erfindungsreich und schlau – und außerdem war sie verschlagen, skrupellos und zäh. Ihre permanenten Auseinandersetzungen mit der Polizei brachten sie so manches Mal vor Gericht. Ihre dort erworbenen juristischen Kenntnisse verblüfften sowohl die Vertreter der Anklage als auch die der Verteidigung. Und eines Tages überschlugen sich die Zeitungen dann mit der Meldung, daß diese Veteranin des Prostitutionsgewerbes Bürgermeisterin geworden war, ordentlich gewählte Exekutivchefin von Sausalito in Kalifornien, der wichtigsten Stadt im vornehmen Marin County.
Während ihrer schillernden sündigen Karriere operierte Sally unter 28 verschiedenen Namen, von denen die meisten legal waren. Darunter war auch der Name Mrs. Robert Livingston Gump, den sie sich durch die Heirat mit einem Sproß der Multimillionärsfamilie erwarb, deren Vermögen aus dem Handel mit orientalischen Kunstgegenständen stammte.

Stanford dagegen gefiel Sally selbst als Name am besten und hielt sich deshalb auch am längsten – nämlich bis zu ihrem Tod. Angenommen hatte sie diesen Namen eines schönen Samstagnachmittags. An diesem Tag wettete sie bei einem Footballspiel zwischen der Stanford University und der University of California. Stanford gewann das Spiel und Sally ihre Wette. Die Universität aber bekam eine ungewöhnliche Namenspatronin. Im Lauf der Jahre besaß und betrieb Sally eine große Anzahl illegaler Etablissements. Das bedeutendste war »The Fortress« (die Festung), von dem Kolumnisten Herb Caen regelmäßig als »Sally Stanfords Schule für fortgeschrittene Gesellschaftsstudien« bezeichnet. Zweifellos war sein Witz durch die Gewohnheit der Chefin inspiriert, die Hostessen ihres Hauses als »meine Debütantinnen« zu bezeichnen.
Welchen Namen sie auch immer trug, Sally Standford war einfach die ultimative Bordellchefin und »The Fortress« war das ultimative Freudenhaus. Ein gewisser Robert G. Hanford hatte das imposante Gebäude in der Pine Street 1144, wo die »Gesellschaftsstudien« durchgeführt wurden, für seine Mätresse erbaut, die Schokoladenfabrik-Erbin Gabrielle Guittard, die nach einigen Jahren einer skandalträchtigen Affäre schließlich seine dritte Frau geworden war. Das wunderbare Steingebäude war mit schweren Eisengittern und einer ganzen Reihe selbständig schließender Türen bewehrt, die außerdem noch von kräftigen Torhütern oder Türstehern bewacht wurden. Die Hauptattraktion im Inneren war ein atemberaubend schöner pompejianischer Innenhof, 30 × 138 Fuß groß, mit einem Brunnen in der Mitte. Auf einem Podest am einen Ende des Hofes stand eine Marmorbadewanne, um die viel Aufhebens gemacht wurde. Die steinerne Kuriosität hatte einst Anna Held gehört, einem Star der Broadway-Shows von Flo Ziegfeld. In der ihm eigenen Art hatte der Impresario Ziegfeld verkündet, Anna liebe es, in Milch zu baden, und hatte ihr die Marmorwanne als adäquates Behältnis für diesen luxuriösen Ritus gekauft.
Dies tat ohne Zweifel Wunder für den Absatz der Produkte der Milchindustrie, die heute jährlich Millionen ausgeben muß, um eine

Welt, die mehr und mehr dem Ideal von »fett- und cholesterinarm« hinterherläuft, von der Nützlichkeit ihrer Produkte zu überzeugen. Wie dem auch sei, in den guten alten Tagen von Anna Held und Flo Ziegfeld war man verrückt nach Desserts wie sehr gehaltvollen Cremes, Schlagsahne und Eis. Eine Spezialität war damals die sogenannte Bombe Glacé, eine äußerst spektakuläre Kreation. Sie wurde mit Hilfe einer halbkugelförmigen Form hergestellt. Die Form wurde dafür mit erstklassiger Eiscreme ausgekleidet und dann mit einer köstlichen und oft exotischen Füllung versehen. Die Füllung kann je nach Laune und Menüfolge unterschiedlich ausfallen. Obwohl das Rezept einigermaßen kompliziert klingt, ist es doch eher einfach und erfordert lediglich ein wenig Geduld.

Eisbombe »Extraordinaire«

1,2 l Vanilleeis
1 l Himbeereis
100 ml Orangenlikör
6 karamelgefüllte Schokoladenriegel, in mundgerechte Stücke gebrochen
250 ml Sahne
1 EL Puderzucker
frische Himbeeren zum Garnieren
120 g geröstete Mandelsplitter

Das Vanilleeis im Kühlschrank weich werden lassen, bis es streichfähig ist. Dann die Form (ca. 2,5 l Inhalt) gleichmäßig damit auskleiden und zugedeckt für etwa 30 Minuten in die Gefriertruhe stellen, bis die Eiscreme wieder fest geworden ist.
In der Zwischenzeit das Himbeereis weich werden lassen und mit dem Likör vermischen. So über das Vanilleeis verteilen, daß in der Mitte eine Vertiefung entsteht. Erneut tiefkühlen bis das Eis wieder fest ist.
Die Vertiefung mit den Schokoladenriegel-Stückchen ausfüllen, die

Form wieder zugedeckt in die Gefriertruhe stellen. Ungefähr eine Stunde vor dem Servieren die Eisbombe auf eine gekühlte Servierplatte stürzen.
Die Sahne halbsteif schlagen, den Puderzucker zugeben und weiterschlagen, bis sie richtig steif ist. In einen Spritzbeutel füllen, die Eisbombe damit verzieren und wieder gefrieren.
Vor dem Servieren die Eisbombe mit frischen Himbeeren und gerösteten Mandelsplittern garnieren. Einige Minuten stehenlassen, damit sie sich leichter schneiden läßt.
(Ergibt 8–10 Portionen)

Eisbomben-Variationen

Schoko-Minze: Die Form mit Schokoladeneis auskleiden, dann Pfefferminzeis hineingeben, das mit Crème de menthe aromatisiert wurde, und die Vertiefung mit in Butter gerösteten Walnußstückchen füllen.
Pfirsich-Brandy: Die Form mit Pfirsicheis auskleiden, mit Zitroneneis fortfahren und in die Vertiefung Stückchen von frischen Pfirsichen füllen, die man vorher in Brandy mariniert hat.
Tropical Island: Die Form mit sahnigem Zitronen-Milchspeiseeis auskleiden, mit Mangoeis fortfahren und die Vertiefung mit Kokosraspeln füllen, die mit Rum betränkt wurden.

Sallys Geschäft mit der »Fortress« lief bestens. Geschmälert wurde ihr Erfolg nur durch einen gewissen Sergeant John Dyer von der Sittenpolizei in San Francisco. Dyer widmete seine ganze Karriere der anstrengenden Aufgabe, sie wegen Prostitution

dingfest zu machen. Angeblich sprach Sally davon, daß »Käptn Ahab und seine jahrelange Verfolgung von Moby Dick nichts gegen Dyer und seine Jagd auf mich waren«. Obwohl Dyer nachgewiesenermaßen bei seinen fortwährenden Versuchen, »The Fortress« zu erstürmen, seine Gesundheit ruinierte, saß Sally letztendlich doch immer am längeren Hebel. Es gelang ihm nur ein einziges Mal, sie festnehmen zu lassen. Das war zu einer Zeit, als sie ihre »Festung« verlassen hatte, um während des Zweiten Weltkriegs ein bescheideneres Quartier zu beziehen. (Aus purem Patriotismus!)
Der ständigen Belästigungen durch die Polizei von San Francisco müde geworden, zog Sally schließlich auf die andere Seite der Golden Gate Bridge ins pittoreske Sausalito. Dort eröffnete sie ein Gourmetrestaurant, das zum Vorreiter für die später in Kalifornien entstehende Nouvelle Cuisine wurde. Sie nannte das Restaurant »Walhalla« und entwarf eine Innenausstattung, die an ihr früheres Gewerbe erinnerte. Einer der späteren Besitzer erinnert sich, daß auf den Tischen Nachttöpfe mit Sträußen frischer Blumen standen.
Sally war eine ausgezeichnete Köchin, deren Geschmack und Fertigkeit beim Kochen Dutzende phantasievoller neuer Gerichte hervorbrachten, die den Trend zu leichterem Essen einleiteten. Da sie im Einzugsgebiet von San Francisco lebte, konnte sie aus der Fülle an frischem Obst und Gemüse schöpfen, die in den berühmten Anbaugebieten Kaliforniens geerntet wurden. Ganz zu schweigen von den hervorragenden einheimischen Weinen, die damals gerade anfingen, den edlen Tropfen aus Frankreich und Italien ernsthaft Konkurrenz zu machen.
Eines von Sallys beliebtesten Gerichten war »Cioppino«, die Fischsuppenvariation der Bucht von San Francisco. Sie ähnelt mehr den sogenannten Manhattan Chowders als den Chowders von Neuengland, da als Grundlage nicht Milchprodukte, sondern Tomaten dienen. Die verwendeten Fischsorten für dieses Rezept richten sich nach der Verfügbarkeit und Ihrer persönlichen Vorliebe. Es wird heftig darüber gestritten, ob der Wein zum Cioppino rot oder weiß sein sollte. Wir persönlich stimmen für roten, und zwar sowohl in der Suppe als auch dazu.

Fischsuppe »Cioppino«

600 g festfleischiges Fischfilet, z. B. vom Seeteufel, Viktoriabarsch usw.
200 g große Garnelen, geschält und entdarmt
1 Taschenkrebs
300 g Miesmuscheln, andere Muscheln oder Austern (auch gemischt)
100 ml Olivenöl
2 Zwiebeln, geschält und in Würfel geschnitten
1 grüne Paprikaschote, geputzt und in Würfel geschnitten
1 Knoblauchzehe, geschält und fein zerdrückt
2 Dosen Tomatenstücke (je 480 ml)
1/4 l Tomatensaft
1/4 l trockener Weißwein
1 Lorbeerblatt
1/2 Bund Basilikum, gehackt
Salz und Pfeffer nach Belieben
1 Bund Petersilie, gehackt

Das Fischfilet in mundgerechte Stücke schneiden.
Aus den Köpfen der Garnelen und der Schale des Taschenkrebses einen Fischfond herstellen. Die Muscheln oder Austern in ganz wenig Wasser dämpfen und das Kochwasser zurückbehalten.
Das Olivenöl in einem großen Topf erhitzen und Zwiebeln, Paprika und Knoblauch darin andünsten. Tomaten, Tomatensaft, Wein, Lorbeerblatt, Basilikum, Salz und Pfeffer sowie 1/2 l vom zubereiteten Fischfond und dem Muschel-Kochwasser hinzugeben. Etwa 15 Minuten köcheln lassen.
Fisch und Garnelen abwechselnd in einen Topf schichten. Die Tomatenmischung daraufgeben und zugedeckt nochmals etwa 15 Minuten köcheln lassen. Dann das kleingeschnittene Krebsfleisch in den Topf geben, wieder zugedeckt 5 Minuten ziehen lassen. Muscheln bzw. Austern zugeben, den Topf zudecken und noch einmal alles etwa 2 Minuten garen lassen. Der Fisch sollte sich leicht zerteilen lassen, die Garnelen müssen gar und die Muscheln vollständig erwärmt sein. Würzig abschmecken und sofort mit frischer Petersilie bestreut servieren.
(Ergibt 6–8 Portionen)

Linsensalat

Eine andere Beilage à la Stanford war Linsensalat. Linsen werden im amerikanischen Westen als Vorspeise, Salat oder Beilage schon seit langem geschätzt, und das nicht nur von Vegetariern.
Linsensalat kam ursprünglich aus Frankreich, unser Rezept hat dagegen durch die Zugabe von Kreuzkümmel, Kurkuma, Koriander und Joghurt einen fernöstlichen Touch.

400 g Tellerlinsen, gewaschen
1 Lorbeerblatt
2 rote Zwiebeln, geschält und in kleine Würfel geschnitten
2 große Möhren, in kleine Würfel geschnitten
1 Knoblauchzehe, geschält und fein zerdrückt
2–3 EL Zitronensaft
4 EL Olivenöl
1/2 TL gemahlener Kreuzkümmel
1/2 TL gemahlenes Kurkuma
1/2 TL gemahlener Koriander
Salz und Pfeffer nach Belieben
200 g Naturjoghurt
1 Bund Petersilie, gehackt

Die Linsen in einen Topf geben, mit kaltem Wasser bedecken und das Lorbeerblatt dazugeben. Zum Kochen bringen und etwa 15 Minuten köcheln lassen. Die kleingeschnittenen Zwiebeln und Möhren dazugeben und weitere 10–15 Minuten kochen lassen. Anschließend auf einem Sieb abtropfen lassen, die Flüssigkeit aufbewahren.
Die Linsenmischung in eine Schüssel geben und mit Knoblauch, Zitronensaft, Öl, Gewürzen, Salz und Pfeffer marinieren. Den Salat zugedeckt mindestens eine Stunde, besser über Nacht im Kühlschrank durchziehen lassen.
Zum Servieren auf jede Portion einen Löffel Joghurt geben und mit Petersilie bestreuen.
(Ergibt 6 Portionen)

Cocktail »Angel's Kiss«

Die Bar in Sallys »Walhalla« war nicht nur für ihre Auswahl an Weinen berühmt, sondern auch für außergewöhnliche Getränkekreationen wie den folgenden schaumigen After-Dinner-Drink mit dem romantisch klingenden Namen »Engelskuß«:

6 cl Crème de cacao
6 cl Crème de Yvette (Veilchenlikör)
6 cl Brandy
6 cl Sahne
gestoßenes Eis
1 Maraschinokirsche zum Garnieren

Die Zutaten im Shaker kräftig schütteln. In ein Stielglas abseihen und mit der Kirsche verzieren.
(Ergibt 1 Cocktail)
Tip: Wenn Sie keinen Veilchenlikör bekommen, nehmen Sie statt dessen Pfefferminz- oder Orangenlikör.

An Streitereien mit Behörden gewohnt, konnte sich Sally schon bald mit den Stadtobersten von Sausalito und deren »Dummheit«, wie sie es nannte, nicht mehr abfinden und nahm den Kampf gegen den Stadtrat auf. Und mit welchem diebischen Vergnügen! Ihr erklärtes Lebensziel war nun, »Sausalito Sausalito sein zu lassen« und die industrielle Revolution zu stoppen, die den ländlichen Charme der malerischen Kommune gefährdete. Um ihre Ideen in die Tat umsetzen zu können, kandidierte sie schließlich selbst für den Stadtrat. Mit der gleichen Entschlossenheit, die sie auch der Polizei von San Francisco gegenüber an den Tag gelegt hatte, ging sie gegen ihre Widersacher in Sausalito vor und gewann tatsächlich die Wahl. Als Stadträtin bewirkte sie außerordentlich viel, und ihre Mitbürger sahen schließlich ein, daß sie die ideale Bürgermeisterin für Sausalito wäre. So wurde Sally auch für dieses Amt gewählt und trotz ihrer bewegten Vergangenheit im ganzen Land als beispielhafte Bürgermeisterin geschätzt. Viele ihrer Maßnahmen für die Stadt wurden von anderen Gemeinden übernommen. Doch Sally Stanford pflegte mit der ihr eigenen Exzentrizität stets zu sagen: »Bei der Ausübung meines Bürgermeisteramts macht mir am meisten Spaß, daß ich ›Frau Bürgermeister‹ genannt werde!«

6 Queen Bee und ihr summender Bienenstock in L. A.

Beverly Davis war eine Berühmtheit im Reich der Prominenten und gleichzeitig Besitzerin und Betreiberin einer ganzen Reihe glanzvoller Bordelle in den Vierteln von Los Angeles, wo das Geld zu Hause war. Da ihre Klientel hauptsächlich aus hochkarätigen Filmleuten bestand, nannte man sie »Madam of the Stars«. Ganz offensichtlich fühlte sie sich dadurch geschmeichelt, auch wenn sie stets mit falscher Bescheidenheit entgegnete, sie sei doch nur »eine ganz einfache Puffmutter«.

Einfach ist sie nie gewesen. Beverly war eigentlich ein Fall für die Psychiatrie und hätte den ganzen Berufsstand der Irrenärzte in helle Aufregung versetzen können. Während nämlich die meisten Frauen in den USA, die sich der Prostitution zuwandten, dies ganz offensichtlich taten, um der Armut zu entfliehen, hatte Beverly ganz andere Gründe. Sie entstammte einer wohlhabenden Familie, die sich keine Sorgen ums Geld machen mußte. Statt dessen hatte sie eine ganze Menge emotionaler Probleme, die mit Geld nicht zu lösen waren.

Beverly war Französin – wie sie selbst lautstark verkündete. Sie war zwar in Amerika geboren, hatte aber schon in zartem Alter den Geburtsort ihrer Mutter, Paris, zu ihrem eigenen erklärt. Sie liebte es, ihre Konversation mit kleinen französischen Phrasen zu würzen, die sie für schick hielt, und sprach von ihrer bewunderten Mutter stets nur als *Maman*. Ihr Vater war zwar auch Franzose, aber außerdem auf eine ganz internationale Art und Weise unausstehlich und verwirrt, und Beverly bedachte ihn in ordinärstem Englisch mit unterschiedlichen wenig schmeichelhaften Ausdrücken. Das Hauptproblem war, daß der allerliebste Papa (ein gewisser Gaston Dubois) *Maman* fortgesetzter Untreue verdächtigte. Er war davon überzeugt, daß Beverly – das fünfte Kind der beiden – nicht von ihm stammte. Diese Tochter, erklärte er, wäre das Produkt einer unrechtmäßigen Liaison von *Maman* mit einem Liebhaber aus der Zeit vor ihrer Ehe – der immer noch ab und an auftauchte.

Ob Gastons Verdächtigungen nun ihre Berechtigung hatten oder nicht, der Familienname dieser alten Flamme war auf jeden Fall (wer hätte das gedacht?) Beverly – und obwohl der allerliebste Papa das wußte, besaß *Maman* die Unverfrorenheit, diesen Namen als Vornamen für ihre neugeborene Tochter zu wählen. »An der Sache war absolut nichts dran«, pflegte Beverly noch Jahre später zu beteuern. »Ich wünschte bei Gott, es wäre wahr. Tatsache aber ist, daß ich sehr wohl das Kind meines Vaters bin. Daran gibt es überhaupt keinen Zweifel. Ich habe sein furchtbares Temperament geerbt und noch eine Reihe anderer Charakterzüge, für die ich mich manchmal selbst genauso hasse, wie ich ihn gehaßt habe. Ich war damals wie ein Junge – ungebändigt wie ein *gamin*, pflegte er zu sagen, was lediglich eine höfliche Bezeichnung für einen Straßenbengel war. Das mochte er nicht, und er mochte auch mich nicht, und ich mochte ihn nicht. Wenigstens darin waren wir uns einig!«
Auf jeden Fall konnte er es kaum erwarten, bis sie alt genug war, daß er sie sich vom Hals schaffen konnte, und auf den Tag genau an ihrem sechsten Geburtstag wurde sie zum Schulbesuch in ein Nonnenkloster fortgeschickt.
Beverly haßte die Nonnen und ihr Kloster. Sie beschimpfte die Schwestern als Zigeunerpack und dankte ihnen ihre Bemühungen um ihre Person, indem sie sie in bestem Französisch verwünschte. Die Ordensschwestern hatten sich vorgenommen, das hitzige Kind in eine niedliche und zurückhaltende kleine Lady zu verwandeln. Doch es wäre sozusagen ein neutestamentarisches Wunder gewesen, wenn ihnen das auch nur im entferntesten gelungen wäre. In Wirklichkeit haßte Beverly es auch, ein Mädchen zu sein. Tatsächlich sollte sie später die ganze Bandbreite der Sexualität durchprobieren, zuerst als Lesbierin, dann als Bisexuelle und Prostituierte. Sie war für alles zu haben – je abwegiger, desto besser. In der Zwischenzeit aber tat sie, was ihr nur in den Sinn kam, damit sich alle anderen genauso schlecht fühlten wie sie selbst. Sie vermißte ihre *Maman* ganz fürchterlich, aber anstatt zu weinen, bockte sie. Mit jedem Menschen bis hinauf zur Schwester Oberin fing sie Streit an. Wenn sie dann bestraft wurde, machte sie lediglich mit vermehrter Wut weiter. Wehe ihren Erzieherinnen!
Ganz besonders aber verachtete Beverly das einfache, fade Essen im Kloster (»Alles ist grau«, beschwerte sie sich. »Es *schmeckt* sogar grau!«). Verglichen mit der exotischen französischen Kost von *Maman* fand sie es einfach widerwärtig. Am meisten liebte Beverly Zitronen, und *Maman* verfügte über ein großes Repertoire an Zitronendesserts, um Beverly eine Freude zu machen und Gaston zu ärgern, der ein großer Schokoladenfan war. (Laut Beverly stellten sich die Nonnen unter Dessert einen Apfel vor.)

Puddingkuchen »Zitronen-Zauber«

Unser Zitronenpuddingkuchen ist eine Kreation des Hauses. Dort hat er bisher noch jedem geschmeckt, der Zitrone mag – und wer außer Gaston mag sie nicht?

Es handelt sich um eine verführerische Mischung aus Pudding und Biskuitkuchen. Außerdem ist der Kuchen einfach in der Zubereitung, und die verwendeten Zutaten sind preiswert. Weil er zudem so gut schmeckt wurde er »Zitronen-Zauber« genannt. Bestimmt werden auch Sie den saftig-fruchtigen Kuchen immer wieder gerne als Dessert servieren.

3 Eier, getrennt
240 g Zucker
1/4 l Milch
2–3 EL Mehl
Saft und fein geriebene Schale von 2 unbehandelten Zitronen

Den Backofen auf 175° C vorheizen.

Das Eigelb mit den Schneebesen eines Handrührgerätes schaumig schlagen, dabei nach und nach den Zucker dazugeben und solange weiterschlagen, bis die Mischung dickschaumig geworden ist und der Zucker sich vollständig aufgelöst hat. Jetzt Milch, Mehl, Zitronensaft und -schale unterrühren.

Das Eiweiß steif schlagen und locker und gleichmäßig unter den Teig heben. Den Teig in eine gefettete Auflaufform gießen und diese in einen großen Topf mit heißem Wasser stellen. Die Auflaufform muß etwa zur Hälfte im heißen Wasser stehen. Im vorgeheizten Backofen etwa eine Stunde backen. Aus dem Backofen und dem Wasserbad nehmen und bei Zimmertemperatur auf einem Kuchengitter abkühlen lassen.

Ganz besonders fein schmeckt der Puddingkuchen mit steif geschlagener Sahne.

(Ergibt 6 Portionen)

Auf Anweisung von Beverlys Vater fingen die Nonnen alle Briefe von *Maman* an Beverly ab und vernichteten sie. Das gleiche taten sie mit Beverlys Briefen an ihre Mutter, so daß Beverly sich völlig verlassen fühlte. Mit vierzehn Jahren riß sie schließlich aus dem Kloster aus. Eines Nachmittags stahl sie sich mit nichts als den Kleidern an ihrem Leib davon. Als sie ohne Fahrkarte und Geld im Zug nach San Francisco saß, schloß sie Freundschaft mit einer Dame aus dem Rotlichtmilieu. So begann die schillerndste sündige Laufbahn in der Geschichte Kaliforniens. Beverly arbeitete von da an für die freundliche Bordellchefin als Prostituierte und hatte sofort enormen Erfolg. Im Alter von sechzehn Jahren hatte sie bereits genug Geld auf der Seite, um ihr eigenes Haus zu eröffnen. Ehrgeizig wie sie war, sollte es ein First-Class-Haus werden. Die nötige finanzielle Unterstützung erhielt sie von einem Weinhändler. Wie an anderer Stelle in diesem Buch bereits erwähnt wurde, war Champagner das beliebteste Getränk in den Freudenhäusern, und die Weinhändler waren immer gerne bereit, einer neuen Chefin beim Start zu helfen. Mit dieser Hilfe konnte sie das komplette Obergeschoß eines Apartmenthotels an der Ecke Davis und Sloane Street in San Francisco mieten. Das Hotel gehörte zur Davis Street, und dieser Standort erwies sich als so günstig, daß Beverly den Straßennamen als Familiennamen annahm: »Sagt für immer Goodbye zu Beverly Dubois und heißt statt dessen Beverly Davis willkommen!« Ihre Freunde und die Zeitungsschreiber kürzten später ihren Vornamen zu Bee ab, aber *Mamans* alter Flamme zu Ehren unterschrieb sie ihr ganzes Leben lang mit Beverly.

Die frischgebackene Bordellchefin beherrschte ihr Metier offensichtlich. Ihre Räumlichkeiten umfaßten achtzehn Suiten mit eigenen Bädern und vier Salons. Instinktiv wußte sie, daß es von schlechtem Geschäftsgebaren zeugen würde, wenn sie mit den Mädchen, die für sie arbeiteten, konkurrierte – und so ließ sie es bleiben. Sie strich ja ohnehin die Hälftes ihres Verdienstes ein, warum also noch mehr wollen? Warum nicht einfach ein Glas Wein mit den Burschen trinken und sie dann an ihre Mädchen weiterreichen? »Das war nicht immer leicht«, sagte sie. »Viele Typen bestehen nämlich darauf, die Dame des Hauses zu bekommen. Sie glauben offensichtlich, wenn sie schon die Chefin ist, muß sie auch im Bett besonders gut sein.«

Nur ab und zu bediente sie manchmal einen besonders hartnäckigen Kunden selbst. Gewöhnlich verwandte sie jedoch ihre Energie darauf, Dinnerpartys zu planen, die Gastgeberin zu spielen, und die Freier danach an ihre Mädchen zu verweisen. Diese schätzten ihre Einstellung, und Beverly hatte nicht das geringste Problem, Mädchen erster Güte anzuwerben und auch zu halten.

In der Zwischenzeit schafften der ewige Sonnenschein in Südkalifornien und das boomende Filmgeschäft ungeahnte neue Möglichkeiten für die Anbieterinnen käuflicher Liebe, und Beverly, reich sowohl an Barem wie an Erfahrung, zog weiter nach Los Angeles. »In San Francisco gibt es sowieso allmählich zuviele Huren«, maulte sie.
Ihre erste Niederlassung in L. A. war Belmore, »mitten im Viertel, in dem die Villen der Milliardäre standen«. Beverly wollte ausschließlich betuchte Kunden und tat deswegen alles, um ihnen absolute Privatheit und Diskretion garantieren zu können. Ihre Telefonnummer war nirgendwo verzeichnet, und sie sagte zu niemandem auch nur ein Wort am Telefon, bevor sie nicht absolut sicher war, wer am anderen Ende der Leitung war. Genauso wenig erlaubte sie es den Kunden, sich bei ihr anrufen zu lassen. Außerdem wurden die Herren angewiesen, nicht mit dem Taxi vorzufahren, da zu viele Taxis, die Männer zu ihrem Haus brachten, Aufsehen erregt hätten. Das unauffällige Gebäude, das etwas von der Straße zurückgesetzt lag, wirkte nach außen hin wie ein Privatclub. Die Kunden kamen mit ihren eigenen Autos oder in Delman-Limousinen. Und die Firma Delman bekam natürlich eine Provision.
Beverly war es sehr viel lieber, wenn die Männer Limousinen benutzten, da die Privatautos ein Problem mit sich brachten. Die Mädchen sollten sich nämlich nicht selbständig verabreden, und es wäre ein Leichtes für sie gewesen, über die Nummernschilder der Privatautos und ein paar Freunden im Polizeirevier an die Namen und Adressen ihrer Kunden heranzukommen. Das wäre für alle ein großes Risiko gewesen, und wenn so etwas geschah, feuerte Beverly das betroffene Mädchen auf der Stelle.

Dinner im Belmore House war immer eine extravagante Angelegenheit, und obwohl uns keine Menüzusammenstellungen überliefert sind, wissen wir doch, daß jeder Abend dort genauso exquisit wie verschwenderisch ausfiel. Kalorien und Cholesterin beunruhigten damals noch nicht die Gemüter, und die Kunden aßen mit Enthusiasmus statt mit Zurückhaltung. Gewöhnlich war das Dinner eine alle Sinne betörende Parade aus Speisen wie etwa den folgenden:

Cocktails und Häppchen: Käsebällchen mit Macadamia-Nüssen, Steak Tartare, Kaviar, Hummerkroketten und vielerlei exotische Sülzen – dazu soviel Martinis und Manhattans, wie man sich nur vorstellen kann.
Vorspeise: Spargelsuppe (natürlich als Cremesuppe!), dazu Käsegebäck
Hauptgericht: Steak, auf einem Holzbrett serviert – ein ganzes Hüftsteak vom Rind, umhüllt von Frühstücksspeck, garniert mit Pilzen in Brandysauce
Beilagen: eine Auswahl an verschiedenem Gemüse – gefüllt, gebacken oder gedünstet, oft auch *au gratin* (mit Semmelbröseln, Butter und Käse überbacken)
Salate: unzählige Variationen, hauptsächlich aber mit Mayonnaise und French Dressing. Ebenfalls ausgefallene pikante Sülzen, sehr gehaltvoll und cremig. In Kalifornien, das schon immer als Salathochburg Amerikas galt, wurden kaum leichte Salate mit wenig Kalorien serviert, die wir heute bevorzugen.
Desserts: aufwendig und ausgefallen, oft flambiert. Viele dieser großartigen Nachspeisen spiegelten die Herkunft der Hollywoodmoguln wider. Dazu gehörten auch europäische Kuchen und Gebäck.

Es bleibt anzumerken, daß in den Restaurants und Bistros, die in Los Angeles heutzutage in Mode sind, ein Dinner völlig anders aussieht. Sowohl Lunch als auch Dinner gelten nichts, wenn nicht wenigstens einige der folgenden Speisen und Getränke auf der Karte auftauchen:

In Flaschen abgefülltes Mineralwasser: von möglichst weit entfernten Orten der Welt. Je ferner, desto besser.
Consommé: aus Gemüse, wenn möglich ganz ohne Fleisch.
Makrobiotische Salate: Seltsame und undefinierbare Pflanzenarten, von denen einige ausgesprochen giftig aussehen.
Frisches Obst: die seltensten und exotischsten Früchte, die auf Gottes Erde wachsen.

Genug von den Einschränkungen heutiger Tage und zurück zu den Schwelgereien vergangener Zeiten! Beverlys Belmore House bot für jeden etwas, und es herrschte totale Freizügigkeit. Es war sogar auch bei Frauen beliebt, die aber nur am Nachmittag eingelassen wurden. Außerdem mußten sie mehr bezahlen, da die Chefin der Meinung war, daß sie die Mädchen für längere Zeit beanspruchten. Für Frauen, die Männer vorzogen (und für Männer, die das eigene Geschlecht bevorzugten), hielt das Haus eine Liste bereit, mit den Telefonnummern, Beschreibungen und »Spezialitäten« einer Reihe männlicher Individuen. Die meisten von ihnen waren arbeitslose Schauspieler, die es in Hollywood ja immer zuhauf gibt. Die ausgefallenen Speiseräumlichkeiten im Belmore waren, laut Beverly, »bei beiden Geschlechtern« äußerst beliebt.
Kulinarische Einflüsse aus dem Gebiet südlich der Grenze des Bundesstaates haben die kalifornische Küche stets befruchtet. Eines der beliebtesten Gerichte war »Picadillo«, eine hackfleischsaucenähnliche mexikanische Mischung, die man für Tamales, Tacos und Fleischpasteten verwendete. Manche Kalifornier halten die Mischung stets für jede Art von Geselligkeit bereit. Bei Cocktailpartys kann man sie mit Taco Chips essen, aber sie schmeckt auch zum Dinner, entweder als Vorspeise oder als Hauptgericht (siehe untenstehenden Tip). Hier finden Sie unsere Version des Rezeptes, das ursprünglich vom Küchenchef des Belmore House stammt:

Hackfleischsauce »Picadillo«

2 EL Öl
1 kg Hackfleisch, Rind und Schwein gemischt
4–5 Zwiebeln, geschält und in kleine Würfel geschnitten
2 Knoblauchzehen, geschält und fein zerdrückt
2 Dosen geschälte Tomaten (je 850 ml)
2 EL Essig
1 TL gemahlener Zimt
1/2 TL gemahlener Kreuzkümmel
1/2 TL getrockneter Oregano
1 Lorbeerblatt
200 g Tomatenmark
400 ml Wasser
200 g schwarze Oliven, entsteint und kleingeschnitten
250 g Mandelsplitter
200 g Rosinen
Salz und Pfeffer nach Belieben

Öl in einer großen beschichteten Pfanne erhitzen und das Fleisch bei mittlerer Hitze anbräunen. Das ausgetretene Fett abschöpfen, Zwiebeln, Knoblauch, Tomaten, Essig, Zimt, Kreuzkümmel, Oregano und Lorbeerblatt dazugeben und alles gut verrühren. Tomatenmark und Wasser dazugeben, aufkochen lassen und zugedeckt etwa eine Stunde bei schwacher Hitze köcheln lassen. Die restlichen Zutaten hinzufügen und in weiteren 30 Minuten fertiggaren.
(Ergibt 8 Hauptspeisenportionen oder 12–15 Vorspeisenportionen)

Tip: Als Vorspeise häuft man Picadillo am besten auf gebratene Polentascheiben. Als Hauptgericht wird es üblicherweise in Tacos oder Pitabrote gefüllt. Aber natürlich können Sie die Hackfleischsauce auch auf kubanische Art, mit Reis und schwarzen Bohnen, genießen.

Beverly bezeichnete Belmore House als eine Goldgrube, und ihr Geschäft mit dem Sex wuchs in L.A. bald zu einem gigantischen Industriezweig heran. Nach dem Coup mit Belmore House betrieb sie Häuser an der Sedgemont Street, an der DeLambert Avenue, am North Fairmont, an der Princess Road und am La Reina Drive im angesagten Santa Monica. All diese Häuser brachten viel Geld ein, und alle wurden sie von der peniblen Beverly aufs liebevollste betreut.

Das Haus in der Princess Road lag ihr besonders am Herzen, weil »es so wundervoll eingerichtet war und so viele subtile kleine Dinge hatte, die dem Betrachter völlig unerwartet ins Auge sprangen – das, was man suggestive Dekoration nennen könnte. Das war so unterhaltsam, daß verheiratete Geschäftsleute sich ab und an sogar mit ihren Ehefrauen hereinwagten, um ihnen ein echtes Davis-Freudenhaus vorzuführen.« Sie beschreibt nicht, welcher Art die Dekorationen waren, aber es ist unschwer zu erraten, worauf sie wohl anspielten. Das Haus am North Fairmont wurde House of All Nations genannt, weil die dort beschäftigten Mädchen eine exotische Mischung von Hautfarben und Rassen bildeten. Es gab Mädchen aus China, Japan und Spanien, ein Mädchen, das behauptete, sie käme aus Martinique, und andere, die zu einem Viertel oder einem Achtel Schwarze waren und von den karibischen Inseln stammten. Das Haus war zwar überaus beliebt, verursachte Beverly aber auch die meisten Kopfschmerzen in bezug auf das Personal.

»Die asiatischen Mädchen hatten ihren eigenen Speisesaal und ihre eigenen Salons und lebten völlig getrennt von den anderen«, sagte sie. »Die weißen Mädchen haßten sie, weil sie mehr Geld verdienten als sie selbst. Die Schwarzen jeder Schattierung hatten am meisten Kunden, und die weißen Mädchen waren auch auf sie sauer, weil sie nicht verstehen konnten, warum sie so viele Freier hatten. Ich habe da meine eigene Theorie: Die meisten unserer Kunden waren Weiße, und ich glaube, daß diese Männer nicht mit einer Frau ins Bett gehen wollten, die sie an jemanden aus der eigenen Familie oder den eigenen gesellschaftlichen Kreisen erinnert. Eine Farbige – ob nun gelbhäutig, schwarz, dunkelbraun, hellbraun oder was auch immer – machte sie weit weniger nervös, vielleicht, weil sie dabei nicht das Gefühl hatten, daß sie mit jemandem schliefen, mit dem sie eigentlich nicht schlafen sollten.«

Warum auch immer, das House of All Nations war auf jeden Fall so erfolgreich, daß Beverly das Etablissement an der Princess Road mit ähnlich »buntem« Personal ausstattete und es International House nannte. »Das war sehr klug, wenn ich so sagen darf«, meinte sie. »Nacht für Nacht waren die halben Hollywood-Studios dort zu Gast.«

Der Küchenchef des House of All Nations verstand eine Menge von den kalifornischen Früchten und Gemüsesorten. Er war ein Einwanderer und hatte als Teenager als Pflücker gearbeitet, zog von Farm zu Farm, wo gerade etwas reif war. Er war ein entscheidender Faktor bei der Einführung von Guacamole, die er selbst ganz besonders schätzte und den Freiern gerne mit den Cocktails servierte. Er erklärte, daß es in Kalifornien die besten Avocados für Guacamole gibt – die sogenannten Haas Avocados. Wählerische Einkäufer lassen sie oft wegen ihrer warzigen schwarzen Haut links liegen. »Bloß nicht«, warnte er, »diese Avocado ist in jeder Hinsicht außerordentlich!« Dem können wir uns nur von ganzem Herzen anschließen.

Guacamole »House of All Nations«

2 reife Avocados, geschält und entkernt
Saft von 1 Zitrone
100 g frische Tomatenwürfel
1/2 Bund Koriandergrün, frisch gehackt
2–3 EL Schalottenwürfel
1 grüne, scharfe Peperoni, entkernt und feingehackt
Salz nach Belieben

Die Avocados in einer mittelgroßen Schüssel mit der Gabel fein zerdrücken und alle anderen Zutaten unterrühren. Mit Taco Chips servieren.
(Ergibt einen Dip für 4–6 Personen)

Gekrönt werden sollte Beverlys geschäftlicher Erfolg jedoch erst durch ihr Etablissement in North Estabrook. Es war ein dreistöckiges weißes Stuckgebäude im maurischen Stil mit 46 Zimmern unter einem rot gedeckten Dach. Als Tarnung für das Unternehmen diente ein elegantes französisches Restaurant, das sich im Erdgeschoß befand und sich – da die Chefin bei den meisten Freunden und Kunden unter dem Namen Bee bekannt war – mit feinsinnigem Humor »The Beehive« (Bienenstock) nannte. Draußen war der große Neonschriftzug des Beehive mit einer schwarz-goldenen Bienenkönigin verziert, die um den Schriftzug herumflog und einen Willkommensgruß summte. Im ersten Stock befanden sich die »Schlafzimmer«. Sie waren durch Telefone mit dem Restaurant verbunden, und ein ganzer Trupp von Obern schleppte den ganzen Tag und einen Großteil der Nacht über Tabletts zu den Freiern und ihren Mädchen hinauf. Im zweiten Stock befanden sich die Empfangszimmer und zwei Bars, in denen die Kunden von den Mädchen und häufig auch von Queen Bee selbst begrüßt wurden. Außerdem gab es dort ein privates Speisezimmer für ganz besondere Gelegenheiten – und davon gab es im Beehive viele. Der Küchenchef im zweiten Stock war ein absolutes Genie. Beverly war völlig vernarrt in ihn, weil er wie ihre *Maman* in Frankreich geboren war. Auf der anderen Seite hatte er lange genug in Kalifornien gelebt, so daß seine Saucen leichter geworden waren und er eine Reihe neuer exotischer und überaus köstlicher Gerichte kreiert hatte. »Er ist ein launischer Bastard«, beklagte sich Beverly, »aber es gibt an der ganzen Westküste keinen besseren Koch.«

Garnelensalat »Pazifik«

Südkalifornien ist sowohl ein Paradies für Zitrusfrüchte als auch eine reiche Quelle für Gemüse und Meeresfrüchte. So hatte der Küchenchef im zweiten Stock Zugang zu der ganzen Palette von Zutaten, die für Gerichte gebraucht wurden, die damals unter dem Schlagwort Nouvelle Cuisine ganz Amerika eroberten. Eine seiner gelungensten Erfindungen war eine Vorspeise aus Garnelen und Orangen. Sie wurde genauso berühmt wie er selbst.

Unser Garnelensalat »Pazifik« ist eine Kopie davon, die uns aber so gut schmeckt, daß wir immer eine große Menge davon auf grünen Salatblättern als Hauptgericht verspeisen.

6 große Navelorangen, geschält, in Scheiben geschnitten und geviertelt
5 rote Zwiebeln, geschält und in dünne Scheiben geschnitten
500 g Garnelen, geschält, entdarmt und gegart
300 ml Apfelessig
1/4 l Olivenöl
150 ml frisch gepreßter Zitronensaft
1/8 l Ketchup
1 Bund Petersilie, gehackt
1 EL Senf
1 EL Zucker
1 TL Selleriesamen
1/2 TL getrocknete, gerebelte Peperoni
2 Knoblauchzehen, geschält und fein zerdrückt
Salz und Pfeffer nach Belieben

Orangen, Zwiebeln und Garnelen in eine große Salatschüssel geben und gut vermischen. Alle übrigen Zutaten in einer zweiten Schüssel gründlich verquirlen und dann über die Garnelenmischung gießen.
Gründlich vermischen und den Salat zugedeckt über Nacht bzw. bis zu zwei Tagen im Kühlschrank marinieren lassen, dabei gelegentlich umrühren.
Vor dem Servieren den Salat in einem feinen Sieb gründlich abtropfen lassen. Auf kleingeschnittenen, knackigen grünen Salatblättern servieren.
(Ergibt 10 Vorspeisenportionen)

Die Nacht der Eröffnung im Beehive erinnerte an eine Hollywoodpremiere. Alle Filmstars und Studiomanager waren aufgetakelt und in vornehmer Abendgarderobe erschienen. Es wurde nur Gästen mit einer persönlichen Einladung Eintritt gewährt. Die teuren Einladungskarten waren aus schwerem schwarzem Papier, mit goldgeprägter

Schrift und dem stilvollen Bild einer Bienenkönigin darauf. Vom Estabrook Etablissement aus hatte man eine wundervolle Aussicht auf Los Angeles und die komplette Filmstadt, doch die meisten Gäste blickten wohl nicht weiter als bis in den Garten, der ein Traum gärtnerischer Gestaltung war. Auf drei Seiten des Hauses überwucherten Bougainvilleen und Glyzinien überdachte Laubengänge, prächtige Magnolien und gefiederte Kokospalmen wechselten sich mit Blumenmustern in den verschiedensten Farben ab. Die Bar im zweiten Stock zollte der Filmkolonie besonderen Tribut: Dort standen ganze Reihen von Magnum-Champagnerflaschen, deren Korken die Köpfe und Gesichter von Leinwandgrößen darstellten. Der Chef-Barkeeper war ein dicker Schwarzer aus Baton Rouge in Louisiana. Bee pflegte zu sagen, er würde aussehen, als ob ihn die zentrale Casting-Agentur geschickt hätte, und sich auch so benehmen: »Seine Haut sah aus wie polierter Graphit, und er war ein Zauberkünstler, was Juleps und Absinth-Frappés betraf.«

Auf der Speisekarte des Beehive setzte sich das Bienenthema mit Gerichten wie den folgenden fort.

Obstsalat mit Honig und Curry

1 kg verschiedene frische Früchte, gewaschen, geschält und in Stückchen geschnitten
1/8 l trockener Weißwein
4 EL Honig
2–3 EL Currypulver
1 TL frisch geriebene Ingwerwurzel
frische Minzblätter zum Garnieren

Das Obst in eine große Schüssel geben. Wein, Honig, Curry und Ingwer verquirlen und unter die Früchte mischen. Zugedeckt einige Stunden lang in den Kühlschrank stellen. Vor dem Servieren alles noch einmal durchmischen und mit frischer Minze garnieren.
(Ergibt 6 Portionen)

Honigbutter

Im Beehive ein populärer Brotaufstrich zum Frühstück. Probieren Sie's!

120 g streichfähige Butter
2 EL dünnflüssiger Honig

In einer kleinen Schüssel Butter und Honig verrühren, bis die Butter schaumig ist. In einen dicht verschließbaren Behälter füllen und in den Kühlschrank stellen. Honigbutter hält sich wochenlang.
(Ergibt ca. 150 g Aufstrich)

Die Gehaltsliste des Beehive war äußerst lang, und die zahlreichen Angestellten dort bezogen großzügige Löhne. Da gab es die Künstler des Hauses (Musikanten, Sänger und Komödianten), Wirtschafterinnen, Dienstmädchen, Küchenchefs, Köche, Ober und weibliche Bedienungen, Portiers, Waschfrauen und eine ansehnliche Truppe von Sicherheitspersonal, die sich aus stämmigen privaten Wachleuten zusammensetzte. Die Stars unter dem Personal waren jedoch die »Hostessen« – achtzehn davon residierten im Hause –, und zusätzlich gab es zu ihrer Unterstützung eine lange Liste von Reserveleuten. Hier waren sowohl Männer als auch Frauen verzeichnet, die rund um die Uhr gerufen werden konnten.

Wie das Belmore, Beverlys erstes Haus, war das Beehive um das Wohlergehen beider Geschlechter besorgt. Queen Bee selbst war, wie bereits erwähnt, bisexuell und für jede Ausgefallenheit zu haben. Schließlich gab es keinen Grund, betonte sie, ein ganzes Geschlecht auszuschließen! Trotzdem hatte sie lesbische Beziehungen unter ihren Mädchen strikt verboten, da sie nur zu Eifersüchteleien und Zank führen würden.

In dieser Hinsicht hatte sie selbst eine bittere Erfahrung machen müssen, da sie sich einst ein Mädchen »wie eine Mätresse« in einem luxuriösen Apartment hielt. Ohne jede Vorwarnung hatte sie dann das Mädchen und das Apartment zur Hälfte an eine andere Dame des Gewerbes »verscherbelt«. Das arme Wesen war jedoch unglücklicherweise unsterblich in Beverly verliebt und über das neue Arrangement völlig verzweifelt.

Nachdem sie einen ganzen Tag lang darüber nachgegrübelt und getrunken hatte, bewaffnete sie sich mit einer von Beverlys Pistolen, fuhr mit dem Taxi zum berühmten Club der Chefin und fing ohne Vorwarnung an, dort herumzuballern. Sie schoß auch auf Queen Bee, war aber zu betrunken, um ihr Ziel zu treffen. Das tollgewordene Mädchen wurde schließlich ohne allzu großes Aufsehen entwaffnet und bekam Geld unter der Bedingung, daß sie die Stadt verlassen mußte.

»Viele Mädchen im Gewerbe werden lesbisch«, sagte Beverly, »weil sie von Männern so roh behandelt werden. Wie jeder auf dieser Welt sind auch sie auf der Suche nach etwas liebevoller Zärtlichkeit in ihrem Leben, und welcher Freier gibt das einer Hure schon? Schließlich bezahlt er dafür und will deswegen auch die Fäden in der Hand behalten und schert sich keinen Deut darum, wie sie sich bei der ganzen Sache fühlt. So holen sich die Mädchen untereinander ein wenig Zärtlichkeit, und wenn eine von ihnen sich in die andere verliebt und die andere das nicht erwidert, ist der Teufel los. Sie kämpfen umeinander wie Männer um Frauen streiten, und gewöhnlich muß die Chefin dann beide Mädchen entlassen. Und in einer Dreiecksbeziehung womöglich sogar noch eine dritte, und es können auch noch mehr werden. Genau aus diesem Grund stelle ich gerne Mädchen ein, die sich einen Teufel um die Liebe scheren – die zähen kleinen Schlampen, die hier sind, um viel Geld zu verdienen.«

Obwohl so viele der Damen äußerst einfallsreich waren, wenn es darum ging, eine Atmosphäre von Luxus und Phantasie – oder auch Häuslichkeit und Gemütlichkeit – zu schaffen, ist das horizontale Gewerbe trotz allem nicht besonders einladend und, wie Beverly selbst immer zu sagen pflegte, »auf keinen Fall etwas, in das du deine Schwester verwickelt sehen möchtest«.

Es folgt nun ein Abkömmling des Rezepts für die sogenannten 24-Karat-Karotten, ein Gericht, das auch die Gäste des Beehive erfreute. Südkalifornien ist ein Paradies für den Gemüseanbau. Das Klima dort führt zu Rekordernten, bei Obst, Gemüse und auch beim Scheffeln von Millionen. Eine der besten Gemüsesorten dort sind Karotten. Und obwohl die Einwohner von Hollywood Karat gewöhnlich den Karotten vorziehen, läßt diese geniale Gemüsezubereitung die unscheinbare Karotte doch auf Gourmetniveau emporsteigen.

Karotten »24 Karat«

500 g Karotten, geschält und in 1/2 cm dicke Scheibchen geschnitten
4–5 EL Mayonnaise
1 EL Meerrettich
1 TL Fenchelsamen, zerdrückt
Salz und Pfeffer nach Belieben

Die Karottenscheiben in wenig Wasser bißfest kochen. Das Kochwasser abgießen, die restlichen Zutaten unterrühren und sofort servieren.
(Ergibt 8 Portionen)

Kalifornien wurde schon immer für den Cäsar-Salat gelobt. Ursprünglich stammt dieser auf der ganzen Welt beliebte Dauerbrenner jedoch aus Tijuana jenseits der Grenze. Ein italienischer Einwanderer, der den Salat in seiner Restaurantkette servieren ließ, machte ihn berühmt. Mexiko war damals ein beliebtes Wochenend-Ausflugsziel für die Leute aus Hollywood. Immer auf der Suche nach etwas Neuem, brachten die Kalifornier diese Rezeptidee mit zurück nach L.A., wo sie sofort angenommen wurde. Schon nach kurzer Zeit erschien das Gericht auf den Speisekarten so exklusiver Restaurants wie Chasen's und Romanoff's, und heute findet man den Cäsar-Salat auf den Speisekarten in ganz USA. Er wurde einst sogar von einer angesehenen kulinarischen Gesellschaft in Frankreich zum »besten Rezept, das seit 50 Jahren in Amerika kreiert wurde«, gekürt. Der Name des Erfinders lautete tatsächlich Cäsar – Cäsar Cardini. Und so lieben wir den Salat, dem er seinen Namen gab:

»Cäsar«-Salat

1 Knoblauchzehe, geschält und halbiert
1 TL Senfpulver
1 EL Zitronensaft
Tabasco nach Belieben
3 EL Olivenöl
3 Köpfe Romana-Salat, gewaschen, trockengetupft und in mundgerechte Stücke zerpflückt
1 EL frisch geriebener Parmesan
4 Sardellenfilets, abgetropft und grob zerhackt
1 Ei, eine Minute lang gekocht
80 g Croutons
Salz und Pfeffer nach Belieben

Eine große Salatschüssel mit der halbierten Knoblauchzehe ausreiben. Senfpulver, Zitronensaft und Tabasco hineingeben und gut verrühren. Das Olivenöl zugeben und alles solange verquirlen, bis eine cremige Salatsauce entstanden ist. Jetzt sofort den Romana-Salat, den Parmesan und die kleingehackten Sardellen hineingeben, das Ei über dem Salat öffnen und alles vorsichtig, aber gründlich vermischen. Zum Schluß die Croutons dazugeben und ebenfalls untermischen. Mit Salz und Pfeffer abschmecken und sofort servieren.
(Ergibt 6 Portionen)

7 Die Hure mit dem großen Herz

Die alten Filme geben vieles falsch wieder. Laut dem Tenor von MGM waren Cowboys – von einigen niederträchtigen Outlaws mal abgesehen – eine Bande wohlerzogener Burschen, frisch rasiert, gekämmt und gestriegelt, die nichts als ihr Pferd im Kopf hatten. Und jede Hure im amerikanischen Westen hatte angeblich ein großes Herz! Während in den Western außerdem reichlich Alkohol floß, der immer noch schnell vor der entscheidenden Schießerei am Ende hinunter gekippt wurde, sah man kaum einmal jemanden etwas essen. Essen erregte in den seltensten Fällen die Aufmerksamkeit eines Regisseurs, obwohl viele unserer dauerhaft beliebten Speisen ihren Ursprung in den weiten Ebenen des Wilden Westens haben. Sogenanntes Beef Jerky (aus getrocknetem Rindfleisch, ähnlich unseren »Landjägern«), das heute Bergsteiger und Rucksacktouristen mitnehmen, war die Standardnahrung der frühen Pioniere des Westens, weil es leicht war, problemlos mitzunehmen und sich fast unendlich lang hielt. Das salzige, aber geschmackvolle und eiweißreiche Produkt eroberte schließlich sogar die Saloons im Westen, wo man es noch heute als Snack an der Bar bekommen kann. Und natürlich findet man es auch in vielen Supermärkten und Spezialgeschäften.

Daneben waren im amerikanischen Westen getrocknete Bohnen ein Gericht für alle Lebenslagen. Auch sie sind heute unter jungen Abenteurern wieder beliebt. Ob sie sich nun ihres hohen Eiweißgehalts bewußt waren oder nicht, die Cowboys verwendeten sie jedenfalls, weil Bohnen billig, sehr sättigend und leicht zu kochen waren. Keine schlechte Idee, da pflanzliches Eiweiß unterwegs oft rar war. Da Bohnen auch reich an Calcium, Phosphor und Eisen sind, mußte ein Cowboy also nur etwas Wasser aus dem Bach holen und die Bohnen auf dem Lagerfeuer kochen – und schon hatte er ein kräftespendendes Mahl. Auch Reis gehörte zu den Lebensmitteln, die ihren Weg in die Satteltaschen der Cowboys fanden. Auf jeden Fall konnte man aus Reis ein Gericht machen, das wenigstens dunkel an ein Dessert erinnerte. Die Cowboys hatten oft Rosinen dabei und warfen dann eine Handvoll davon zum Reis, der gerade im Wasser kochte, und schon hatten sie eine einfache Version von Reispudding.

Das sogenannte Denver Sandwich, das auch unserem modernen Geschmack entspricht und in ganz Amerika gerne verspeist wird, entstand ebenfalls »drüben im Westen«, in der Bergbauregion um die gleichnamige Stadt. Grundsubstanz dieses klassischen Gerichts ist ein Rührei. Während es in der Pfanne gart, gibt man klein geschnittenen Schinken dazu, Zwiebeln und grüne Paprika. Dann serviert man es auf Brot, Toast oder einem Brötchen. Übrigens sprachen die amerikanischen Cowboys nie von Essen, sondern stets nur von »grub« (etwa: »Fraß«).

Emmet Murphy bemerkt in seinem illustrierten Geschichtswerk »Great Bordellos of the World«, daß die Filmemacher erst in neuerer Zeit die symbiotische Beziehung zwischen Cowboys und Huren erkannt haben.
Murphy kratzt außerdem an einem berühmten Volksmythos, wenn er darauf tipt, daß Calamity Jane – die in Kino- und Fernsehfilmen von einigen berühmten Stars liebevoll porträtiert wurde – in Wirklichkeit eine abgebrühte Transvestitin und die Tochter einer Prostituierten war. Jane arbeitete nicht nur selbst in Bordellen, sondern wachte als Mann verkleidet auch über diese Häuser. Als sie schließlich ihr eigenes Haus eröffnete, wurde sie Calamity Jane (»Katastrophen-Jane«) genannt. Laut Murphy bekam sie diesen Namen nicht so sehr in Anerkennung ihrer Verdienste als draufgängerischer Wachposten, sondern er diente eher der Beschreibung, was bei einem Besuch in ihrem Schlafzimmer zu erwarten war. Ja, sie war wirklich eine der wildesten Frauen im ganzen Westen. Laut eigenem Bekunden war sie schon mit 24 Jahren Alkoholikerin und ein Hansdampf in allen Gassen, unschlagbar auch, wenn sie mit Hilfe ihrer dreißig Fuß langen Viehtreiberpeitsche ein Ochsengespann lenkte.
Was die Verwirrung über Janes sexuelle Identität noch steigerte, war ihre schulmädchenhafte Schwärmerei für Wild Bill Hickok, der gewöhnlich elegante Lederhosen trug und angeblich viel schöner war als Jane – auch wenn man seinen schmucken Schnurrbart noch ganz außer acht läßt. Ein Schnurrbart galt nämlich in jenen Tagen als zusätzliches Schönheitsattribut. Als Wild Bill erschossen worden war, bildete sich Calamity Jane allen Ernstes ein, er sei ihr treu ergebener Liebhaber gewesen, und

trauerte fortan um ihn bis zu ihrem eigenen Tod mit 51 Jahren. Deadwood, Janes ihr stets wohlgesonnener Geburtsort in Dakota, veranstaltete das aufwendigste Begräbnis, das die Badlands jemals gesehen hatten, und betteten sie neben ihrem geliebten Wild Bill zur letzten Ruhe. Obwohl Bill sie zu Lebzeiten niemals wirklich geliebt hatte, hatte er sie doch immer als Freundin geschätzt, und die Leute von Deadwood meinten, er hätte wohl nichts gegen ihre Gesellschaft auf dem Friedhof einzuwenden.

Nach Beerdigungen und bei anderen großen gesellschaftlichen Ereignissen wurde damals oft ein Eintopf serviert, der »Sonofabitch Stew« hieß (»Hurensohn-Eintopf«). Was immer an wildem Getier gerade zur Verfügung stand, bildete die Fleischgrundlage – Hase, Eichhörnchen, Hirsch, Büffel, Elch, Opossum und sogar Klapperschlange oder Bär. Diese Fleischsorten wurden einzeln oder zusammen stundenlang mit Kartoffeln, Zwiebeln und was es sonst noch so gab gekocht. »Cookie« (wie der Koch auf einer Ranch, beim Militär oder im Lager des Bergwerks im Film für gewöhnlich hieß) verwandte auf jeden Fall eine Menge Energie und Kreativität aufs Kochen, damit ihm die Wildwestkerle nicht den Kragen umdrehten. Selbst wenn sie mit dem Essen, das er ihnen vorsetzte, vollauf zufrieden waren, wäre es doch gegen den Wildwest-Kodex gewesen, dies zuzugeben, und eine Mahlzeit war erst dann erfolgreich beendet, wenn sie den armen Mann unter vielfältigsten Verwünschungen um sein Leben zittern lassen konnten.

Wir präsentieren hier nun unsere Version von »Cookies« berühmtestem Gericht, das wir sowohl von den Zutaten als auch vom Namen her etwas verfeinert haben. Doch es ist immer noch deftige Kost für eine ganze Schar hungriger Mäuler:

»S.O.B.-Stew«

120 g Mehl
1/2 TL gemahlene Nelken
1/2 TL gemahlenes Piment
1/2 TL gemahlener Zimt
1/2 TL schwarzer Pfeffer
2 kg Rindfleisch (von Nacken oder Schulter), in Würfel von 4 cm Seitenlänge geschnitten
125 g Butter
700 ml Wasser
1 Brühwürfel (Rinderbouillon)
1 Lorbeerblatt
100 ml Bourbon
5 Spritzer Angostura Bitter
8–10 Möhren, geschält und in 5 cm lange Stücke geschnitten
10–12 kleine Kartoffeln, gründlich gewaschen und gebürstet
6–8 kleine Zwiebeln, geschält und halbiert
Salz nach Belieben

In einer Schüssel Mehl, Nelken, Piment, Zimt und Pfeffer mischen. Das Rindfleisch in kleinen Portionen hineingeben und solange hin- und herbewegen, bis es rundum gut bestäubt ist.
Die Butter in einem Bräter zerlassen und die Fleischwürfel portionsweise darin anbraten. Die leicht gebräunten Fleischstücke mit einem Schaumlöffel herausnehmen und jeweils durch neue ersetzen. Zum Schluß das ganze Fleisch wieder in den Bräter geben und Wasser, Brühwürfel und Lorbeerblatt dazugeben.
Zugedeckt bei niedriger Hitze etwa 1 1/2 Stunden lang köcheln lassen. Dann den Bourbon und den Angostura Bitter unterrühren. Möhren, Kartoffeln und Zwiebeln unter das Fleisch mischen, und zugedeckt noch etwa 45 Minuten köcheln lassen, bis Fleisch und Gemüse weich sind.
(Ergibt 10–12 Portionen)

Das Wort Stew, sowohl ein Substantiv als auch ein Verb, ist ein interessanter kulinarischer Begriff. Als Substantiv bezeichnet es einen dickflüssigen, suppenähnlichen Eintopf, der meist sowohl Fleisch als auch Gemüse enthält und so einer kompletten Mahlzeit entspricht. Als Verb beschreibt es die Art der Zubereitung – nämlich ein langsames Schmoren in einem dicht verschlossenen Topf, das dem Verschmelzen der verschiedenen Aromen und dem Weichwerden des Fleisches dient. Für die derben »Sonofabitch«-Stews im Wilden Westen wurde nämlich Fleisch verwendet, das mindestens genauso zäh war wie die Schurken, nach denen der Eintopf benannt ist. Dieses Fleisch war aber oft ausgesprochen aromatisch – wenn es erst einmal weich geschmort war – und das gleiche kann man auch von den preiswerten Rindfleischstücken in unserer S.O.B.-Variante sagen. Und noch eine Anmerkung zu dem geschichtsträchtigen Stew: Es muß stets ein wenig Alkohol enthalten. So wird es dann in doppelter Hinsicht »stewed« (stewed bedeutet im Englischen nicht nur »geschmort«, sondern auch »angesäuselt«).

Von all den schillernden Legenden des großen Wilden Westens hat kaum eine einen größeren Bekanntheitsgrad als die von der »Hure mit dem großen Herz«. Sicher haben Sie diese Geschichte schon einmal als Song gehört, als Ballett gesehen, oder sie ist Ihnen in den zahllosen Wiederholungen im Fernsehen begegnet. Die in all diesen Kunstformen gefeierte Heldin war ein ziemlich loses Frauenzimmer, soviel steht fest. Aber laut Drehbuch war sie auch ein Geschöpf von besonderer Freundlichkeit und herausragendem Mut, auf eine Art, die ihre Umgebung niemals von ihr erwartet hätte. Wen kümmert es da, daß einige ihrer Schwestern der Sünde vielleicht gar kein Herz hatten. Der Mythos stirbt nicht aus ...

Die Legende von der Hure mit dem großen Herz könnte in Idaho entstanden sein, wo die Entdeckung von Gold dazu führte, daß leichte Mädchen in Scharen herbeiströmten. Unter ihnen war auch eine auffällige junge Schönheit, die später als Molly b'DAM bekannt werden sollte. Sie kam als Molly Burdan (mit Betonung auf der letzten Silbe) in Murray im Bundesstaat Idaho an. Ihr Einzug war selbst für diese relativ unkonventionelle Gegend spektakulär. Molly sprengte in vollem Galopp auf ihrem Hengst in einen Saloon und orderte – ohne abzusteigen – eine Runde für alle. Als sie sich einem der staunenden Trunkenbolde dann als Molly Bur-dan vorstellte, verhörte er sich und verkündete laut, das neue Mädchen in der Stadt hieße Molly b'DAM. Die faszinierende Frau erklärte, sie würde keine Hotelunterbringung benötigen, da sie ohnehin die Kammer mit der Nummer Eins belegen würde. Im ganzen amerikanischen

Westen war die Kammer mit der Nummer Eins stets für die regierende Dame des Gewerbes reserviert. Molly gewann durch ihr Aussehen und ihre Lebensart sofort alle Sympathien, und man half ihr galant vom Pferd hinab und hieß sie willkommen. Der Name, den jener Suffkopf ihr gegeben hatte, blieb jedoch haften und im Umkreis von vielen Meilen wurde sie als Molly b'DAM berühmt.

Molly verliebte sich in die rauhe Bergbaustadt und wurde sowohl als talentierte Bordellchefin als auch als der örtliche »Mitleidsengel« schnell zur Institution. Anne Seagraves schreibt in ihrem Buch *Soiled Doves – Prostitution in the Early West*, daß die wunderschöne junge Frau sehr freundlich zu ihren Mädchen war und ebenso liebenswürdig der ganzen Bürgerschaft gegenüber auftrat. Sie machte es sich zur Gewohnheit, hungrige Familien ausfindig zu machen und sie mit Essen zu versorgen. »Jeder, der gerade eine Pechsträhne hatte«, schreibt Seagraves, »wußte, daß Molly b'DAM für warme Kleider und einen Unterschlupf sorgen würde. Und obwohl sie selbst im Luxus lebte, stieg Molly ohne jedes Zögern zu einer Berghütte hinauf, um einen kranken Goldschürfer zu pflegen.« Seagraves berichtet auch, daß im Jahre 1886 ein Fremder mit hohem Fieber in Murray eintraf, zum nächsten Saloon ritt, dort eine Pinte Whisky hinunterstürzte und fast genauso schnell tot umfiel. Der Mann hatte die Pocken, und auf einen Schlag war die ganze Stadt in Gefahr. »Schon bald starben die Menschen zu Dutzenden«, schreibt Seagraves. »Sie versuchten, sich in ihren Häusern zu verstecken, in der Hoffnung, die Krankheit würde sie verschonen, aber das funktionierte natürlich nicht. Es gab nur einen unfähigen Arzt in der Stadt und kein Krankenhaus, und alle Menschen waren vor Schreck wie gelähmt.« Als die Lage kritisch wurde, berief Molly b'DAM eine Stadtversammlung ein. In höchster Erregung schalt sie die Menschen, sie würden sich in ihren Häusern vergraben und ihre todgeweihten Nachbarn meiden, die alleine und ohne jeden Beistand sterben müßten. »Ich habe keine Angst«, rief sie. »In meinem Teil der Stadt ist ein ganzes Dutzend Männer erkrankt, und meine Mädchen und ich tun für sie, was wir nur können.«

Mollys feurige Rede rief die Stadt wieder auf den Plan. Unter ihrer Anleitung wurden die Hotels geräumt und mit Patienten belegt. Dann wurden sie aufopferungsvoll gepflegt – von Molly selbst, den Prostituierten, die für sie arbeiteten, und Leuten aus der Stadt, die die Scham dazu trieb, sich ihrer todkranken Nachbarn anzunehmen. Molly arbeitete ohne Unterlaß, oft sogar ohne Pause zum Essen oder Wechseln der Kleider, und man sagt, daß die Erschöpfung ihr schließlich das Leben gekostet hat. Sie wurde schwindsüchtig und wurde immer schwächer, bis sie schließlich mit 35 Jahren starb.

Das war zwar das traurige Ende von Molly, aber gleichzeitig der Anfang von Hunderten von Filmen und Drehbüchern über die Hure mit dem großen Herz. Und bis heute inspiriert Molly b'DAM zu Geschichten von der Courage und dem Opfermut wenig tugendhafter Frauen damals im amerikanischen Westen, die dem Tode trotzten, um anderen zu helfen.

Hühnersuppe nach Molly b'DAM

Molly und ihre Mädchen kochten ganze Wannen voll Hühnersuppe für ihre notleidenden Mitmenschen. In den USA wird Hühnersuppe heute manchmal als »Penicillin der Juden« bezeichnet, da Millionen jüdischer Mütter sie nicht nur als Delikatesse, sondern auch als Hausmittel hochhalten. An jüdischen Feiertagen ist sie immer noch der erste Gang beim Abendessen, und schon beim ersten Niesen denkt jeder sofort an Hühnersuppe. Hier also die simpelste Hühnersuppe der Welt, die einfach bei jeder Gelegenheit ankommt. Natürlich können Sie noch die Zutaten dazufügen, die Sie gerne mögen. Das hier ist jedenfalls das Grundrezept, und es ist so vielerprobt und -geliebt, daß wir es zu Ehren unserer Heldin mit dem Herz aus Gold benannt haben.

1 Suppenhuhn oder 1,2 kg Hühnerklein
1 Zwiebel
2 Möhren, geschält und in 5 cm lange Stücke geschnitten
1 Bund frische Petersilie, grob gehackt
6 Pfefferkörner
1,5 l Wasser
Salz
evtl. 1/2 Bund frischer Dill

Das gewaschene Suppenhuhn oder das Hühnerklein mit der halbierten Zwiebel, den Möhren, der Petersilie sowie den Pfefferkörnern in einen großen Suppentopf mit einem lose aufsitzenden Deckel geben. Salzen,

zum Kochen bringen, die Hitze reduzieren und das Suppenhuhn etwa 2 Stunden lang köcheln lassen. Zwischendurch abschäumen. Von der Herdplatte nehmen, und das Geflügel in der Brühe abkühlen lassen.
Dann das Huhn oder das Hühnerklein herausnehmen und die Suppe durchseihen.
Die Brühe für einige Stunden oder am besten über Nacht in den Kühlschrank stellen. Anschließend die Fettschicht, die sich auf der Oberfläche gebildet hat, entfernen. Die Brühe wieder erwärmen und je nach Belieben mit frischem Dill bestreut servieren.
(Ergibt 1,4 l)
Tip: Das Hühnerfleisch kann für einen Salat oder einen Auflauf verwendet werden.

Die Prostitution war das große Geschäft im amerikanischen Westen, und an manchen Orten zu einem wichtigen Industriezweig geworden. Einer dieser Orte war die Stadt Helena, die 1875 offiziell zur Hauptstadt von Montana ausgerufen wurde. Die Historikerin Paula Petrik bezeichnet die vielen aufstrebenden Bordellchefinnen von Helena als »Kapitalistinnen mit Zimmern«. Laut Petrik gaben ungefähr 60% der halbseidenen Damen entweder persönliches Vermögen oder Immobilienbesitz an – oder sogar beides! –, und über die Hälfte der Prostituierten von Helena verfügte über ein beachtliches Barvermögen. Zu den Wohlhabendsten zählte eine Frau, die von New York bis Nevada nur als Chicago Joe bekannt war. Wie ihr Name schon sagt, hatte sie sich sozusagen ihre Sporen in Chicago verdient. Dort hatte sie auch gelernt, daß es wesentlich lukrativer ist, Bordellchefin zu sein anstatt eines einfachen Mädchens.
Außerdem hatte sie begriffen, daß es eine zusätzliche Attraktion für jedes Haus darstellte, wenn dort Speisen und Getränke serviert wurden. Ihre zahlreichen Häuser in Montana waren berühmt für den sogenannten »Slumgullion« – eine noble Kreation für eine Gegend, in der kulinarische Köstlichkeiten äußerst rar waren. Den Begriff Slumgullion verwendeten die Bergleute im amerikanischen Westen eigentlich für ein improvisiertes Gericht oder Getränk, aber die Küchen von Chicago Joe machten ein wahres Kunstwerk daraus. Im folgenden unsere Interpretation des Gerichts:

Deftiger Fleischauflauf »Slumgullion«

700 g gekochtes Rindfleisch
1 Dose Bohnen in Chilisauce (450 ml)
4–5 eingelegte Chilischoten, entkernt und feingehackt
1 mittelgroße Zwiebel, geschält und in Würfel geschnitten
1/2 TL gemahlener Kreuzkümmel
1/2 TL Worcestershiresauce
1 l Wasser
250 g Instant-Maisgrieß (Polenta)
250 g grob geriebener Cheddar
1/2 Bund Koriandergrün zum Garnieren

Den Backofen auf 220° C vorheizen.
Rindfleisch, Chilibohnen mit Sauce, Chilischoten, Zwiebelwürfel, Kreuzkümmel und Worcestershiresauce in einer großen Schüssel vermischen. Beiseite stellen.
Wasser zum Kochen bringen und den Maisgrieß einlaufen lassen. Unter Rühren, nach Anweisung auf der Packung, köcheln lassen. Die Masse fingerdick in eine gefettete, rechteckige Backform streichen und die Fleischmischung darauf verteilen. Dabei rundherum einen 2 1/2 cm breiten Rand lassen. 25 Minuten lang backen, bis die Oberfläche leicht gebräunt ist. Jetzt den geriebenen Käse darüberstreuen und den Auflauf noch 5 Minuten lang weiterbacken. Aus dem Backofen nehmen und vor dem Servieren 5–10 Minuten ruhenlassen. Mit gehacktem Koriandergrün bestreuen.
(Ergibt 6–8 Portionen)

Tip: Slumgullion bedeutet Resteverwertung. Man nimmt also für dieses Gericht alles, was man gerade zur Hand hat. So kann man das Rindfleisch zum Beispiel durch übriggebliebenes kleingeschnittenes Roastbeef ersetzen. Aber natürlich kann man auch Rinderhackfleisch speziell für dieses Gericht braten. Es schmeckt genauso mit Resten von gegartem Hähnchen- oder Truthahnfleisch. Neben den Chilibohnen und den Chilis können auch alle möglichen anderen Gemüsereste verwendet werden. Lassen Sie einfach Ihrer Phantasie freien Lauf. Wir haben auch schon Pilze, Erbsen, Sellerie und Paprika verwendet, die im Kühlschrank vorrätig waren. Lediglich Gemüsesorten mit einem sehr intensiven Aroma wie Brokkoli, Blumenkohl oder andere Kohlsorten, sollten Sie meiden.

Angelockt durch Berichte über die Montana überschwemmenden Reichtümer, nahm Chicago Joe im Alter von 23 Jahren den Zug nach Helena und eröffnete dort in einer baufälligen Spelunke ihren Laden. Doch die ganze Schäbigkeit sollte nichts ausmachen. Innerhalb von drei Jahren machte die gerissene Dame soviel Geld, daß es nur folgerichtig erschien, als nächstes ein echtes Imperium zu errichten.

Die Expansion, die ihr vorschwebte, verlangte nach Kapital. Um es (vom gierigsten Wucherer in ganz Helena) zu bekommen, verpfändete Chicago Joe alles, was sie hatte, einschließlich ihrer Unterwäsche. In ihrem Vertrag mit dem gnadenlosen Kredithai waren tatsächlich unter all den Dingen, die als Sicherheiten aufgeführt wurden, auch »drei Dutzend Paar Unterkleider« aufgelistet. Doch die Sache war es wert, Kopf und Kragen (und Unterkleider) zu riskieren. Mit knapp 30 Jahren verfügte Chicago Joe bereits über den größten Grundbesitz in der florierenden Wood Street, dem Herzen des lokalen Halbweltviertels. Sie war die Besitzerin und Betreiberin mehrerer aufstrebender Bordelle, die Essen servierten, das besser war als alles, was in den Restaurants in Helena zu bekommen war und auch in den versnobten Speisesälen der Hotels.

Die lebhafte neue Sex-Königin von Helena war eine Immigrantin, die mit vierzehn Jahren ohne einen einzigen Penny in New York angekommen war. Sie hatte ihre Heimat Irland verlassen, um der Armut zu entkommen. Das gelang ihr in New York jedoch erst, als sie den Marktwert sexueller Dienstleistung erkannte. Zur Aufwertung ihrer Person änderte sie ihren Namen, der schlicht Mary Welch lautete, in einen, der ihrer Meinung nach mehr damenhafte Eleganz ausstrahlte, nämlich Josephine Airey, den ihre Berufsschwestern jedoch bald zu Chicago Joe (mit dem »e« des Männernamens am Ende) verballhornten.

Chicago Joe wurde zu einer der prominentesten Frauen in Montana – wohlhabend, einflußreich, elegant – und außerdem zur großzügigen Mäzenin lokaler Wohltätigkeits-

und Bürgerveranstaltungen. Sie ließ ein riesiges Vergnügungscenter bauen, das sich Kolosseum nannte, Theater- und Varietéhaus in einem war, und in dem der Begriff Varieté sehr großzügig ausgelegt wurde. Es war luxuriös eingerichtet und mit den ausgefallensten Annehmlichkeiten ausgestattet. Zum Beispiel waren im Theater bestimmte Logen mit elektrischen Klingeln ausgestattet, so daß ein Gentleman der Bar kundtun konnte, was sein Herz begehrte, von Speisen und Getränken bis hin zu amüsanter weiblicher Gesellschaft.
Unser erfrischender Kaffee mit Schuß wäre auf jeden Fall ein guter Grund gewesen, im Theater die Barklingel zu läuten:

Kalter Kaffee mit Mandellikör

1/4 l starker Kaffee, gekühlt
1/4 l Milch
6 cl Mandellikör
Zucker nach Belieben
Eiswürfel
1 Prise Kakaopulver

Kaffee, Milch, Mandellikör und eventuell Zucker verquirlen. Eiswürfel in ein Longdrinkglas geben, die Mischung darübergießen und mit Kakao bestäuben.
(Ergibt 2 Gläser)

Obwohl es ein großer Erfolg war, waren auch die Tage für Joes Theater, das ganze Kolosseum und überhaupt für ihr gesamtes Imperium gezählt. Wie so viele andere Bonzen damals wurde auch Chicago Joe durch den Börsencrash von 1893 ruiniert. Sie verlor alles außer ihrem geliebten Red Light Saloon, von dem aus alles seinen Anfang genommen hatte. Mit ihrem Mann Al Hankins, der als Spieler in Chicago angefangen hatte, zog sie in eine Wohnung über den Saloon. Dort lebten sie zufrieden, bis Joe mit 56 Jahren an einer Lungenentzündung starb. Der amerikanische Westen zeigte sich der Verblichenen gegenüber großzügig und inszenierte einen rauschenden Abgang für sie. Das Begräbnisspektakel fiel durch überschwengliche Lobesreden auf das arme kleine Immigrantenmädchen auf, das völlig mittellos nach Amerika gekommen und fast genauso mittellos dahingeschieden, in der Zeit dazwischen aber eine wahre Königin gewesen war.

Damals wie heute wurde bei den meisten Begräbnisfeiern aufwendig gespeist und getrunken. Die Leute, die sich versammelt hatten, um ihr die letzte Ehre zu erweisen, brachten Speisen und Getränke mit. Der Brauch, etwas zu Essen mitzubringen, den es heute noch an vielen Orten gibt, ist ein Phänomen ohne einen feststellbaren lokalen Ursprung. Trotzdem war er in frühen Jahren besonders im amerikanischen Westen verbreitet. Eine Erklärung könnte sein, daß die Menschen dort einfach zusammenhalten mußten, um zu überleben. Sie halfen einander bereitwillig, vom Bau einer Hütte bis zur Beerdigung der Toten. Mühsal und Not rissen nie ab, und anläßlich eines Begräbnisses oder einer anderen Feier packte jeder tatkräftig mit an. Die Frauen brachten etwas zu Essen mit und die Männer einen vollen Krug, ein Fäßchen oder eine gute Flasche.

Zu Siedlerzeiten zog Colorado einige der interessantesten zwielichtigen Damen des Landes an, und die Bergleute, die dort ihr Glück versuchten, schufen ein paar einprägsame Knittelverse.

Ein Vierzeiler, der bis heute überdauert hat und uns von der Colorado Historical Society in Denver überliefert wurde, war ein liebevoller Abschiedsgruß auf einem Grabstein:

Here lies the body of Virginia Marlotte.
She was born a virgin and died a harlot.
For 18 years she preserved her virginity.
That's a damned good record for this vicinity!

(Hier ruhen die sterblichen Überreste von Virginia Marlotte.
Als Jungfrau wurde sie geboren, als Hure ist sie gestorben.
18 Jahre lang bewahrte sie ihre Jungfräulichkeit.
Ein verdammt gutes Ergebnis für diese Nachbarschaft hier!)

Die Lebensdaten von Virginia Marlotte sind der historischen Gesellschaft nicht bekannt. Trotzdem sind wir der Ansicht, daß jede Frau, die einer gereimten Grabinschrift für würdig befunden wurde, es auch verdient, daß ein Rezept nach ihr benannt wird. Wir servieren das folgende Gericht, wenn wir unsere Freunde aus Denver bewirten, und sie schätzen es außerordentlich:

Orangensalat »Marlotte«

6 unbehandelte Navelorangen
200 g in Salz eingelegte, schwarze Oliven, halbiert und entsteint
2 Bund Petersilie, gehackt
4–5 EL Schalottenwürfel
4–5 EL Olivenöl
1/2 TL gemahlener Kreuzkümmel
1/2 TL getrockneter Oregano
evtl. 1 Kopf Batavia oder Romana Salat

Die Orangen so gründlich schälen, daß die weiße Haut völlig entfernt ist. Die Früchte dann quer in dünne Scheiben schneiden und in einer großen Salatschüssel mit den übrigen Zutaten mit Ausnahme des grünen Salats vermischen. Die Schüssel zugedeckt einige Stunden oder über Nacht in den Kühlschrank stellen.
Die Salatblätter ablösen, waschen, trockenschütteln und eine Salatschüssel damit auskleiden. Den Orangensalat darauf anrichten.
(Ergibt 4–6 Portionen)

Tip: Mit Käsegebäck aus reifem Cheddar oder Parmesan oder einer dünnen Scheibe Ziegenkäse und Weißbrot wird dieser Salat zu einer kleinen Mahlzeit.

Eine der wahren Gewinnerinnen war nach dem Bericht der Colorado Historical Society Poker Alice. Sie wurde in England als Tochter eines angesehenen Schullehrers geboren. Ihre Eltern gingen dann nach Amerika, wo sie in den Südstaaten in einer Mädchenschule so erzogen wurde, daß einmal eine echte Dame aus ihr werden sollte. Diese hehre Absicht ging jedoch leider in dem Moment verloren, als Alice einen Bergbauingenieur heiratete, dessen Arbeit den Umzug nach Lake City in Colorado erforderte. In Lake City gab es absolut nichts zu tun, außer in den örtlichen Saloons Karten zu spielen. So begann auch Alice zum Zeitvertreib mit dem Kartenspielen und erzielte schon bald beachtliche Resultate. Sie hatte Glück und war eine gute Spielerin, so daß sie gewöhnlich viel mehr gewann als verlor.

Als ihr Ehemann bei einem Grubenunglück ums Leben kam, mußte sie plötzlich für sich selbst sorgen. Ihr Geschick beim Kartenspiel eröffnete ihr eine außergewöhnliche Karrierechance. Als in Lake City der Spielbetrieb im Winter ruhte, zog Alice in andere Städte und verdiente sich mit Pharao und Stud Poker ihren Lebensunterhalt. Sie wurde mit einem Schlag im ganzen amerikanischen Westen bekannt, als sie in einer Stud-Poker-Partie über 27 Stunden die Bank eines Spielsalons in New Mexico sprengte.

Schinken-Hackbraten »Drilling«

Alice gewann das letzte Spiel mit einem »Drilling« – drei Zehnen –, mit dem sie die zwei Paare schlug, die der Spielsalon zu bieten hatte. Das folgende Rezept ist zu Ehren ihres Sieges benannt:

250 g frisch geriebene Semmelbrösel
450 g sehr fein geschnittener, geräucherter Schinken
450 g Schweinehackfleisch
1/8 l würziges Relish aus dem Glas
1/4 l Milch
2 Eier
1 EL Dijonsenf
1 TL gemahlener Ingwer
Salz und Pfeffer nach Belieben

Den Backofen auf 175° C vorheizen.
Semmelbrösel, Schinken, Schweinehackfleisch und Relish in einer Schüssel vermengen. Milch, Eier und Senf in einer zweiten Schüssel verquirlen und mit Ingwer, Salz und Pfeffer würzen. Über die Fleischmischung gießen und alles noch einmal gründlich durchkneten. Den Fleischteig zu einem länglichen Laib formen und auf ein gefettetes Backblech legen. Etwa 1 Stunde im heißen Backofen goldbraun backen.
(Ergibt 6–8 Portionen)
Tip: Dieses teuflisch gute Schinken-Hackfleisch-Gericht kann man auf dreierlei Arten (»Drilling«) servieren: als Vorspeise, lauwarm in Scheiben geschnitten als Sandwichbelag oder kleingeschnitten auf einem gemischten grünen Salat als Hauptgericht.

Nach Alices banksprengender Partie war kein Spielsalon in New Mexico mehr scharf darauf, ihr einen Platz am Kartentisch zu geben, und so zog sie weiter nach Deadwood in Colorado. Dort heiratete sie W.G. Tubbs, einen Spieler, dem sie das Leben gerettet hatte, als ein anderer Spieler das Messer zog. (Alice griff sich blitzschnell die Pistole aus ihrem Handtäschchen und schoß den Messerhelden mit einem einzigen wohlplazierten Schuß über den Haufen.) Die Ehe währte jedoch nicht sehr lange, denn Tubbs fing sich eine Lungenentzündung ein und starb. Seine Beerdigung wurde durch einen Wirbelsturm um einige Tage verzögert. Gott sei Dank, denn so hatte Alice Zeit, ihren Ehering zu verpfänden, um das Begräbnis bezahlen zu können. Eine ungewöhnliche Pechsträhne beim Kartenspiel hatte die Verpfändung notwendig gemacht, aber direkt nach dem Begräbnis gewann Alice den Ring zurück und einen ansehnlichen Haufen Geld dazu.
Als nächstes zog sie nach Sturgis, wo sie aufgrund einer lange andauernden Glückssträhne beim Seven-Card-Stud als Poker Alice bekannt wurde. Die schwarze Zigarre, auf der sie stets herumkaute, wurde zu ihrem Markenzeichen, außerdem gewann sie ununterbrochen. Schließlich eröffnete sie ihren eigenen Spielsalon und erklärte (nicht ohne ihre gute Erziehung dabei durchschimmern zu lassen), daß dort sogenannte

Nymphs de pavé (»Straßenpflaster-Mädchen«) zum Amüsement zur Verfügung stünden. Natürlich wußten die Bergleute nicht, was *Nymphs de pavé* bedeutete, aber sie wußten genau, wofür die Mädchen da waren, und verhielten sich dementsprechend. Alice blieb trotz allem sehr religiös. Am Sonntag blieb ihr Laden geschlossen, und sie schickte die Mädchen in die Kirche – mit Hut, Handschuhen und auch ansonsten anständig ausstaffiert. Und obwohl Alice nicht wirklich auf einen weiteren Ehemann aus war, heiratete sie ein drittes Mal, nachdem einer ihrer Angestellten, ein gewisser Heckert, ihr wochenlang Avancen gemacht hatte. Heckert war ihr Barkeeper, und zwar »der erste von allen, die ich hatte, der mich nicht permanent bestohlen hat«. Alice gab schließlich nach und heiratete ihn – allerdings erst, nachdem sie festgestellt hatte, daß sie ihm noch 1000 Dollar Lohn schuldete. Offensichtlich hatte sie beschlossen, daß es im Moment einfach günstiger war, ihn zu heiraten, als die Schulden an ihn zu bezahlen.
Da Alice bereits zweimal Flitterwochen genossen hatte, sah sie keinen Grund, ihr sauer verdientes Geld für einen weiteren Honeymoon hinauszuwerfen. So brutzelte sie zur Feier des Tages einfach ein Hochzeitsmenü für Heckert und die Stammkunden ihres Saloons. Das Menü bestand aus Spanferkel, im Ganzen gebraten mit einem Apfel im Maul, und zahlreichen Beilagen. Obwohl die meisten von uns heute genausowenig ein ganzes Spanferkel braten wie einen Barmixer heiraten würden, möchten wir daran erinnern, daß es doch noch einige Leute gibt, die so etwas tun (ein Spanferkel braten natürlich). Auf jeden Fall verzehren die Amerikaner im Jahr pro Kopf mehr als 25 kg Schweinefleisch, in welcher Form auch immer. Trotz gesundheitlicher Bedenken ist Speck nach wie vor beliebt, und Schinken zählt in ganz Amerika zu den Lieblingsspeisen. Das folgende Rezept ist raffiniert genug, um es an Ostern zu servieren, wenn in den USA traditionell Schinken gegessen wird. Es ist aber auch einfach genug, um es als schlichte Familienmahlzeit aufzutischen.

Gebackener Schinken mit Aprikosen-Senf-Glasur

Freunde, für die wir diesen köstlichen Schinken aufgetischt haben, halten ihn für das beste Schweinefleischgericht, das sie jemals gegessen haben. Poker Alice und ihre Freunde würden wahrscheinlich trotzdem ein Spanferkel vorziehen. Laut Alice wog ihr Hochzeitsspanferkel 10 Kilo, und »dieses Säuferpack hat es bis auf den letzten Bissen verspeist, einschließlich des Ringelschwänzchens«.

1 gekochter Schinken mit Schwarte und Knochen, etwa 3,5 kg
15 bis 20 ganze Gewürznelken
120 g Aprikosenkonfitüre
120 g Dijon-Senf
5 Knoblauchzehen
50 g brauner Rohrzucker
1 EL Worcestershiresauce

Den Backofen auf 175° C vorheizen.
Die Schwarte des Schinkens mit einem scharfen Messer in Rautenmuster einschneiden. In die entstandenen Zwischenräume zur Dekoration die Gewürznelken spicken. Das Fleisch in einen großen Bräter legen. Die übrigen Zutaten in den Mixer geben und solange mixen, bis eine gleichmäßige Paste entstanden ist. Die Oberseite des Schinkens gleichmäßig damit bestreichen und den Schinken etwa 75 Minuten im vorgeheizten Backofen heiß werden lassen. Dabei immer wieder mit dem Bratensatz bestreichen.
(Ergibt 12–15 Portionen)

Unterdessen befand sich auch die durch Silber zu Reichtum gekommene Stadt Denver im Fieberrausch – und nirgends war das deutlicher zu erkennen als in der Market Street, die fest in der Hand aufstrebender »Landladies« und Saloonbesitzerinnen war. Mädchen, die neu in der Stadt waren, steuerten gewöhnlich sofort die Market Street an (die übrigens zuvor unter dem Namen Holladay Street bekannt war), da sie wußten, daß dort ganz bestimmt Arbeit zu finden war. Viele von ihnen erlitten ein im Grunde sehr trauriges Schicksal. Manche kamen aus angesehenen Familien und ver-

drängten mit ihren Skrupeln gleichzeitig auch ihre Herkunft. Und ihre Ehrbarkeit tauschten sie ein gegen den Glanz und Glimmer des verruchten Denver.
Die Market Street hatte sogar ihr eigenes unglückliches Romeo-und-Julia-Paar, dessen Romanze ein tragisches Ende fand, das Shakespeare würdig gewesen wäre. Sie war eine junge Bordellschönheit, die unter dem Namen Lois Lovell arbeitete, und er war ein gesellschaftlich bedeutender junger Geschäftsmann aus Denver. Sein erster Besuch bei ihr ging auf eine Wette zurück. Er gewann die Wette und Lois – mit Haut und Haaren! Ehe sich die beiden versahen, waren sie Hals über Kopf ineinander verliebt, und der liebestolle junge Gentleman flehte Lois an, ihn zu heiraten. Sie wies ihn jedoch zurück, da sie überzeugt war, daß die Heirat mit einem Mädchen aus der Market Street ihn gesellschaftlich und beruflich ruinieren würde. »Ich liebe dich viel zu sehr, als daß ich dich heiraten könnte«, schluchzte sie, worauf ihr Geliebter mit gebrochenem Herzen die Stadt verließ. Bitter entschlossen, sie für immer zu vergessen, wollte er sich auf eine lange und einsame Geschäftsreise begeben.
Angeblich wußte Lois, daß er Denver mittags mit dem Zug um 10 Minuten nach 12 Uhr verlassen wollte. Sie schloß sich in ihr Zimmer ein und starrte auf das Zifferblatt der Uhr, bis die Zeiger auf zehn nach zwölf standen. Genau in dieser Minute nahm sie Gift und starb kurz darauf. Der junge Mann hatte es sich aber in der Zwischenzeit anders überlegt und heckte einen Plan aus. Er würde in einer weit entfernten Stadt eine neue Karriere beginnen, wo sie dann ein neues Leben anfangen könnten – verheiratet und ohne das böse Gerede der Leute. Auf der Stelle reiste er nach Hause, um ihr die Neuigkeiten mitzuteilen. Doch als er von ihrem Tod erfuhr, lief er geradewegs zum Friedhof und erschoß sich an ihrem Grab.

Melodramatische Fiktion? Der Wilde Westen war voll davon. Ein paar Begebenheiten waren auch tatsächlich wahr. Und die meisten dieser Geschichten – ob wahr oder nicht – leben weiter. Das tut auch die Market Street in Denver – einst das Rotlichtviertel einer rauhen Bergbaustadt, heute aber eine der vielen angenehmen Dinge der beliebten City. Sie wird von Lokalen unterschiedlichster Couleur, Kaffeebars, trendigen Pubs und In-Läden gesäumt, deren Publikum genauso coole junge Leute aus Denver sind wie begeisterte Touristen. Zahlreiche der alten Salonhäuser sind unlängst in Apartmenthäuser verwandelt worden, und ihre pikante Vergangenheit verleiht ihnen zusätzlich Charakter.

Käsegebäck »Market Street«

Vor nicht allzu langer Zeit haben wir in Denver diese knusprige kleine Cocktailknabberei entdeckt, die in früheren Zeiten für diese Gegend viel zu vornehm gewesen wäre. Wir präsentieren das Rezept mit einem Gruß an die heute so stilbewußte Market Street:

250 g Mehl
1/2 TL Salz
1/4 TL Backpulver
120 g Butter
250 g grob geriebener Cheddar
2–4 EL Wasser
1/2 TL scharfer Paprika

Mehl, Salz und Backpulver auf einem Backbrett vermischen, dann die Butter in kleinen Flöckchen darüber verteilen und rasch mit kalten Händen zerbröseln. Den Käse und das Wasser portionsweise nach und nach dazugeben und alles rasch zu einem glatten Teig verkneten. Aus dem Teig zwei Rollen mit etwa 5 cm Durchmesser formen. Die Teigrollen mit Klarsichtfolie umhüllen und für einige Stunden oder über Nacht in den Kühlschrank legen.
Vor der Weiterverarbeitung den Backofen auf 220° C vorheizen.

Die Teigrollen in gut $^{1}/_{2}$ cm dicke Scheiben schneiden, diese auf ein gefettetes Backblech legen und großzügig mit scharfem Paprika bestreuen. Etwa 10 Minuten goldbraun backen.
Das Gebäck auf einem Kuchengitter abkühlen lassen und dann in luftdichte Behälter umfüllen, damit es knusprig bleibt. Zum Cocktail oder einem Glas Wein genießen.
(Ergibt etwa 24 Stück)

In den umliegenden Bergen finden sich interessante Geisterstädte, und Denver selbst verfügte schon immer über geheimnisvolle Gespenster, die auch noch in der pulsierenden Metropole von heute umtriebig sind. Schmunzelnd erinnert man sich an die zwielichtigen Gestalten, die die Stadt im frühen zwanzigsten Jahrhundert prägten. Charaktere wie die »unsinkbare Molly Brown«, die ein ganzes Rettungsboot voller panischer Passagiere von der untergehenden Titanic vor dem Tode bewahrte. Und der Silberkönig der Stadt, H.A.W. Tabor, der die legendäre Baby Doe heiratete und ihr zu Gefallen einhundert lebende Pfaue kaufte, um den Rasen hinter ihrem Haus zu verschönern. Die Pfaue ertranken bei einem Wolkenbruch, »Haw« starb als ruinierter Mann, und Baby Doe fror sich zu Tode, als sie Haws stillgelegte Silbermine bewachte, die einst »Matchless« (die Unvergleichliche) genannt wurde und als solche weltberühmt war. Die unsinkbare Molly Brown aber starb mit Juwelen geschmückt nach wie vor reich und glamourös. Ihrer wurde in einer oft gespielten Broadwayshow und später in einem Film gedacht.
Aber an kaum eine Frau erinnert man sich mehr als an Jennie Rogers, die von der Schriftstellerin Caroline Bancroft zur »Immoral Queen« von Denver gekrönt wurde. In ihrem Buch »Six Racy Madams of Colorado« (Die sechs feurigsten Damen von Colorado) schreibt Bancroft, das Rotlichtviertel von Denver, das schon vorher sensationell war, habe 1879 durch die Ankunft von Jennie Rogers »eine neue und noch größere Sensation« erlebt.
Bancroft beschreibt Jennie als »eine umwerfend schöne Wilde«. Unter anderem konnte Jennie reiten wie der Teufel und genoß es, auf ihrem Pferd durch die Straßen zu sprengen oder mit einer vierspännigen Kutsche um die Kurven zu preschen. Ihr ver-

wegener Reitstil brachte ihr einmal sogar eine Verhaftung wegen »undamenhaften Verhaltens in der Öffentlichkeit« ein. Man sagt jedoch, daß ihr Benehmen ansonsten durchaus würdig und angemessen war. Offensichtlich ließen Pferde sozusagen die Pferde mit ihr durchgehen oder weckten doch zumindest irgendwelche außergewöhnlichen animalischen Instinkte in ihr.
Auf jeden Fall erwarb die neue Bordellchefin ein Salonhaus in einem zweistöckigen Ziegelbau in der Market Street 2009 von Mattie A. Silks, die laut Bancroft bis zu die-

sem Zeitpunkt die unangefochtene Königin des horizontalen Gewerbes von Denver war. Aber Jennie sollte sie bald entthront haben. Nach ein paar Jahren war ihr Kundenstamm so gewachsen, daß sie ein neues Quartier benötigte. Im Jahre 1884 erbaute sie dann das größte und luxuriöseste Salonhaus im ganzen Umkreis. Es war ein imposanter Bau mit vier Stockwerken, drei Empfangssalons, einem Ballsaal, einem Speisesaal, der Küche im ersten Stock und fünfzehn »Mädchenzimmern« in den zwei Stockwerken darüber. Ganz unten befanden sich ein reich bestückter Weinkeller, riesige Lagerräume und die Dienstbotenzimmer.

Jennies Mädchen und die Freier, die mit ihnen essen wollten, speisten vorzüglich. Gegen Mittag wurde eine stärkende brunchartige Mahlzeit serviert, und später gab es ein frühes Dinner. Das Essen war köstlich und stärkend. Das mußte es auch sein, wenn die Mädchen nicht vom Fleisch fallen sollten. Jennies letzte Kaufmannsrechnung listet Hähnchen, Steaks, Braten, Käse, Milch, Sahne, frisches Gemüse, frisches Obst und eine lange Reihe unglaublicher Delikatessen auf. Die Chefin kalkulierte scharf, aber niemand hat sie je für knauserig gehalten.

Eigenartigerweise findet sich auf ihrer Einkaufsliste kein Lamm – erstaunlich, wo doch heute ein Großteil des amerikanischen Lammbestands quasi nebenan auf den Weiden der Rocky Mountains grast.

Für dieses Versäumnis entschuldigen wir uns bei jenen unter unseren Freunden, die diese sanften Tiere züchten und verkaufen. Zum Ausgleich präsentieren wir hier unsere Lieblingsvorspeise mit Lamm:

Gebratener Lammrücken

1 küchenfertiger Lammrücken, ca. 1,2 kg mit Knochen
2 EL Olivenöl
Salz
1 TL frisch gemahlener schwarzer Pfeffer
1 TL Paprikapulver
1/2 TL gemahlener Koriander

120 g sehr fein gemahlene Semmelbrösel
1 Bund Petersilie, gehackt
1 Bund Minze, gehackt
2 Knoblauchzehen, geschält
1 TL Senfsamen
Salz nach Belieben

Den Backofen auf 200° C vorheizen.
Den Lammrücken enthäuten und in einen Bräter legen. Olivenöl, Salz, Pfeffer, Paprika und Koriander mischen und den Braten damit einreiben. Den Lammrücken etwa 20 Minuten im heißen Backofen braten. Während dessen Semmelbrösel mit den abgezupften Kräuterblättern, Knoblauch und Senfsamen im Mixer fein pürieren. Nach 20 Minuten Garzeit die Bröselmischung auf dem Lammrücken gleichmäßig verteilen, das Fleisch wieder in den Backofen schieben und noch einmal etwa 10 Minuten braten, bis der Mantel knusprig geworden ist.
Den Lammbraten aus dem Ofen nehmen und einige Minuten ruhenlassen, bevor man das Fleisch vom Knochen löst und in Scheiben schneidet. Sofort servieren.
(Ergibt 4 Portionen)

Die achtziger Jahre des vergangenen Jahrhunderts waren auch für Jennie turbulent. Unglücklicherweise sind die amtlichen Aufzeichnungen darüber so lückenhaft, daß es sehr schwierig ist, Details herauszufinden. Sicher ist jedoch, daß sie viele Häuser besaß oder gepachtet hatte und betrieb, daß sie viele Male verhaftet, vor Gericht gestellt und verurteilt wurde, und daß sich um sie die widersprüchlichsten Geschichten rankten, auf die die Autorin dieses Buches jemals gestoßen ist. Ihre berühmteste Niederlassung war das »House of Mirrors« (Spiegelhaus), das so genannt wurde, weil der hinter der Empfangshalle gelegene Salon gänzlich mit Spiegeln ausgekleidet war. Caroline Bancroft schreibt, daß von einem riesigen runden Spiegel an der Decke ein Kristalllüster herunterhing. »Sein besonderer Effekt«, schreibt sie, »beruhte auf dem funkelnden Licht, das in einer Art und Weise reflektiert wurde, die der sonstigen Schwere und Düsterkeit viktorianischer Salons, ob sie nun respektabel waren oder nicht, völlig entgegengesetzt war.«

Dem House of Mirrors stand Jennies grotesk anmutendes »House of Carved Heads« (Haus der geschnitzten Köpfe) entgegen, das angeblich eine architektonische Allegorie auf einen völlig verrückten Skandal darstellte, der sich einst um Jennie entspann. Dieser Skandal war letztendlich zu verworren, um ihn hier ausführlich beschreiben zu können. Sehr wohl zu beschreiben aber ist das nach ihm benannte Gebäude. Es hatte eine Fassade aus Graustein mit vier »schlichten, gleichsam phallischen Säulen«, die bis unter das Dach hinaufreichten. Die Basis der Säulen schmückten vier wasserspeiende Gesichter, die aus rosa Stein gemeißelt waren: »Zwei Männer, eine alte Frau und wahrscheinlich ein dicker kleiner Junge«, schreibt Bancroft. Darüber schwebte das gemeißelte Porträt von (na, wem wohl?) – Jennie Rogers. Oder sollte am Ende jemand das steinerne Gesicht ausgetauscht und das Porträt ihrer schönen Biographin Caroline Bancroft statt dessen dort aufgehängt haben? Viele Leute beschrieben Bancroft als eine Art Doppelgängerin der strahlenden jungen Jennie – mit einer wahrhaft verblüffenden Ähnlichkeit.

Zwar konnte sich Caroline Bancroft, die zahlreiche Bücher über die Geschichte des amerikanischen Westens geschrieben hat, ihre schlanke Figur und ihre feingemeißelten Züge bewahren, von Jennie dagegen forderte ihr Beruf seinen Tribut. Im Alter wurde sie fett und schwerfällig. Dank ihrer Biographin aber erinnert man sich im amerikanischen Westen noch immer an die überragend gute Figur, die sie als »Denver's Immoral Queen« machte.

8 Lang lebe Texas!

Falls »The Best Little Whorehouse in Texas« tatsächlich das Beste war, was der ganze Bundesstaat zu bieten hatte, konnte es sich gegen einige ernstzunehmende Konkurrenten durchsetzen.

Zuerst einmal wäre da Fort Worth zu nennen. Es wurde um die Jahrhundertwende als »Paris der Prärie« bezeichnet. Die meisten Leute, die es so nannten, hatten jedoch weder Paris jemals zu Gesicht bekommen, noch überhaupt irgend etwas anderes östlich des Mississippis. Aber was soll's! Die pulsierende Stadt Fort Worth nannte auf jeden Fall »Hell's Half Acre« (einen halben Morgen Hölle) ihr eigen, ein vor Leben strotzendes Rotlichtviertel, in dem sich Saloons, Spieltische und andere »kulturell bedeutsame« Einrichtungen drängten. Richard F. Selcer, der Autor des Buches *Hell's Half Acre, the Life and Legend of a Red-light District,* schreibt, daß die Stadt außerordentlich stolz auf ihre Verruchtheit war. Und auch einige andere Sündenpfuhle in Texas brüsteten sich offensichtlich ihrer beliebten Vergnügungsstätten mehr, als sie sich dafür geschämt hätten – unter ihnen San Antonio, Galveston, Austin und El Paso. Diese Viehhandelsstädte waren in Texas laut Selcer die Hauptrivalen von Fort Worth im Wettbewerb um den Titel der Hauptstadt der Sünde. Und augenzwinkernd fügt Selcer hinzu, daß einige Leute aus Fort Worth gerne stolz darauf hinwiesen, daß Denver ziemlich abgeschlagen im Rennen lag.

Wie ein Großteil der zivilisierten Welt heute weiß, war »The Best Little Whorehouse in Texas« die auf der ganzen Welt gepriesene Chicken Ranch. Sie hieß so, weil dort während der großen Depression lebende Hühner als Währung angenommen wurden. Der Kurs lag bei einem Huhn pro Nummer. Ganze Schwärme dieser Tauschvögel hockten rund um die Ranch in den Bäumen, und ihre Besitzer ballerten die ganze Nacht mit Schrotflinten herum, um die Studenten der nahegelegenen Universität davon abzuhalten, scharenweise auf die Bäume zu klettern und die gefiederten Eintrittskarten zu klauen.

Mehr als zwanzig Jahre lang residierte die Chicken Ranch irgendwo am Ende der Welt, außerhalb von La Grange in Texas, das wiederum in der Nähe von Houston liegt. Houston war ganz offensichtlich auch nicht vorne dabei im Rennen um den Titel der Hauptstadt der Sünde. In seinem Rückblick auf die Geschichte der Prostitution im Lone Star State (Spitzname des Bundesstaates Texas) erwähnt Selcer die Stadt Houston lediglich, um zu beschreiben, wo La Grange liegt. Wenn irgend etwas jemals übermäßig glorifiziert wurde, war es »The Best Little Whorehouse in Texas«. Das geschah sowohl in Büchern und Zeitschriftenartikeln, wie auch in einem ehrgeizigen Filmprojekt mit Dolly Parton als Star. Auf jeden Fall gab es in ganz Texas unbesungene, ja sogar namenlose Häuser, von denen viele Männer geschworen hätten, daß sie die Chicken Ranch bei weitem übertrafen – freilich ohne diese jemals selbst in Augenschein genommen zu haben.

Fort Worth hatte Hunderte von Anhängern. Die Cowboys und Viehtreiber konnten es kaum erwarten, dorthin zu kommen. Und das, obwohl den Häusern dort die meisten der Annehmlichkeiten fehlten, die an anderer Stelle in diesem Buch beschrieben sind. Heimatlos wie sie waren, zog es die Cowboys immer erst in die Saloons, wo sie sich zu Hause fühlten. Und jeder Barkeeper hielt es für seine Pflicht, besonders gastfreundlich zu sein und die Cowboys so zum Bleiben zu bewegen. Schließlich sollten sie ja nicht woanders hingehen, um nach Essen und Mädchen Ausschau zu halten. An der Bar fand sich stets weibliche Gesellschaft, und für 25 Cents boten die meisten Saloons auch so etwas Ähnliches wie ein Essen. Auf dem Spiegel hinter der Bar stand in weißer Schrift geschrieben, was es zu essen gab. Die Speisen waren zwar nicht besonders gut, aber auch nicht schlechter als das, was es zu trinken gab. Die meisten Cowboys konnten nicht lesen, aber das war eigentlich kein Problem, weil sie notfalls immer Bohnen mit Speck bestellen konnten. Die Speisekarte war von Saloon zu Saloon stets die gleiche, und Bohnen mit Speck standen stets auf der Tageskarte. Die Cowboys hatten zwar sicher keine Ernährungsrichtlinien im Kopf, wenn sie diese Mahlzeit aus nur zwei Zutaten bestellten, bekamen aber trotzdem mit den Bohnen eine gesunde Ration Eiweiß, Vitamin A und C, Eisen und Thiamin – die Substanzen, weshalb Bohnen heute unter Gesundheitsbewußten so populär sind. Hier ist ein Rezept, reich an den obengenannten Inhaltsstoffen und dazu noch außergewöhnlich wohlschmeckend:

Gebackene Bohnen »Lone Star Saloon Style«

400 g weiße, getrocknete Bohnen
3 Speckscheiben
1 Zwiebel, gehackt
2 Knoblauchzehen, geschält und fein zerdrückt
1 große grüne Paprika, geputzt und in Würfel geschnitten
1 unbehandelte Zitrone, in dünne Scheiben geschnitten
1 Dose geschälte Tomaten (450 ml)
60 g brauner Rohrzucker
4 EL Worcestershire-Sauce
4 EL Dijon-Senf
1 TL edelsüßer Paprika
1 TL getrockneter Oregano
1/2 TL gehackte Korianderkörner
350–400 ml Bier

Die Bohnen über Nacht in reichlich kaltem Wasser einweichen. Am nächsten Tag auf einem Sieb abtropfen lassen.
Den Speck in einem großen Bräter knusprig braten. Herausnehmen, die Zwiebel und den Knoblauch in das ausgelassene Fett geben und weichschmoren. Die Bohnen, die restlichen Zutaten und die Hälfte des Biers dazugeben und etwa 30 Minuten köcheln lassen.
In der Zwischenzeit den Backofen auf 160° C vorheizen. Die Speckstreifen auf die Bohnen legen und ohne Deckel 2 Stunden auf der mittleren Schiene des heißen Backofens weitergaren. Dabei gelegentlich mit dem restlichen Bier begießen, damit die Bohnen nicht trocken werden. Dann den Topf verschließen und noch einmal zwei Stunden lang backen. Bei Bedarf noch etwas Bier zugeben. Die Bohnen sollen gar, aber noch bißfest sein.
(Ergibt 6–8 Portionen)

Ein Cowboy verdiente damals nur ungefähr 30 Dollar im Monat und trug, sobald er die Lohntüte ausgehändigt bekommen hatte, jeden Cent davon sofort in die Stadt. Bei Anbruch des nächsten Tages war er bereits wieder völlig pleite. Außerdem war er völlig am Ende, wenn er nicht sogar ein paar blaue Flecken davongetragen hatte, und viel zu verkatert, um sich an den Spaß zu erinnern, den er am Abend zuvor gehabt hatte. Seine 30 Dollar hatte er in den Saloons gelassen, wo er sich zum Klang der Musik mit den Mädchen, am Kartentisch, beim Essen und beim Trinken des beinahe tödlichen Whiskys amüsiert hatte (zumindest glaubte er das getan zu haben). Apropos Musik: Durchaus ernstgemeint war damals das Schild über dem Klavier: »Please don't shoot the piano player – he's doing the best he can!« (Bitte nicht auf den Mann am Klavier schießen, er gibt sein Bestes.)
Der Tivoli Hall Saloon hatte eines der besten Angebote in der ganzen Stadt: ein warmes Mittagessen, das den Gästen an der Bar den ganzen Tag über serviert wurde. Wie das Essen war auch der Whisky von äußerst bescheidener Qualität. Trotzdem belegten ihn die Männer mit so liebevollen Spitznamen wie »rot gut« (Eingeweidefresser), »redeye« (Rotauge), »tarantula juice« (Tarantelgift) und »Who-Hit-John« (Wer-hat-John-Umgehauen). Auch Bier war im Angebot, wurde aber bis zur Erfindung der Kühlung um 1900 in Zimmertemperatur serviert, was bei den hohen Temperaturen in Texas wohl niemandem als Erfrischung diente. Die Saloonmaskottchen waren laut Selcer gewöhnlich genauso wild wie die Gäste: »In einem Saloon gab es einen halbwilden Wolf im Käfig, in einem anderen einen Panther, der einst angeblich einen Mann skalpiert hatte.« Soviel also über Party Animals in der noch relativ jungen Siedlung Fort Worth.

»Mop-Sauce«

Eine der großen kulinarischen Kreationen im Grenzgebiet zu Mexiko ist die sogenannte Mop-Sauce. Jeder Amerikaner hat davon seine eigene Variation, je nachdem wie seine Mutter sie zubereitet hat. Und das hängt wiederum davon ab, welche Zutaten sie gerade zur Hand hatte. Ein Bestandteil ist allerdings ein absolutes Muß: Schwarzer Kaffee.

$^1/_4$ l starker schwarzer Kaffee
120 ml Ketchup
120 ml Worcestershire-Sauce
2 EL Olivenöl
1 EL Zuckerrübensirup
$^1/_2$ TL Tabasco
1 Knoblauchzehe, zerdrückt
Salz und Pfeffer nach Belieben

Alle Zutaten zu einer cremigen Sauce verrühren. Eignet sich als Marinade oder Sauce für Rind- und Schweinefleisch sowie Geflügel.
(Ergibt ca. $^1/_2$ l)
Tip: Diese Sauce heißt »Mop-Sauce« (engl. to mop = auftunken), weil man sie mit Brotstücken auftunken kann – ideal um ein gemütliches Essen daheim in die Länge zu ziehen.

Die Attraktionen von Fort Worth zielten aber nicht nur auf den 30-Dollar-im-Monat-Cowboy ab. Sie lockten auch solch bedeutende Spieler und Revolverhelden wie Bat Masterson, Wyatt Earp und »Doc« Holliday an, den flintentragenden Zahnarzt, der als Vorbild für den Doktor im berühmten Fernsehfilm *Gunsmoke* diente. Es muß daran erinnert werden, daß der Dauerbrenner *Gunsmoke* auch noch eine andere Gestalt mit einem großen Herz romantisierte, nämlich die vielbewunderte Miss Kitty. Im viel freizügigeren Fernsehen von heute würde ihre Rolle kaum mehr so verschleiert und beschönigt, wie es in *Gunsmoke* der Fall war. Höchstwahrscheinlich würde sie einfach ganz offen als großzügige und freundliche Bordellchefin dargestellt.
Der Aufenthalt des echten »Doc« in Fort Worth verlief relativ ruhig. Im ebenfalls texanischen Fort Griffin jedoch geriet er mit dem Gesetz aneinander. Es ist nicht überliefert, welcher Art diese Schwierigkeiten waren, sie müssen aber ernster Natur gewesen sein, da er schließlich zu einem sorgfältig bewachten Gast im örtlichen Gefängnis wurde. Sein treues Mädchen Big Nose Kate Fisher sorgte sich so um seine Zukunft,

daß sie umgehend zu seiner Rettung herbeieilte. Einige Leute sagen, Kate tat das aus starker Sehnsucht nach ihrem Lieblingsmann, während andere behaupten, sie hätte es rein aus Spaß an der Sache getan. Wie auch immer, jedenfalls setzte sie das Hotel des Ortes in Brand, um die Leute in der Stadt abzulenken. Während alles mit dem Feuer beschäftigt war, sattelte sie zwei Pferde und preschte zum Gefängnis. Dort entwaffnete das Mannsweib den eingeschüchterten Wachmann und schloß mit seinem Schlüssel Docs Zelle auf. Dann galoppierten die beiden aus der Stadt hinaus und konnten sich vor lauter Lachen kaum auf ihren Pferden halten.

Keiner dieser beiden Abenteurer hat uns ein Tagebuch hinterlassen, in dem steht, was sie an diesem Abend gegessen haben. Aufregende Unternehmungen wie die soeben beschriebene verlangen aber geradezu nach einem guten Essen zur Wiederherstellung der Kräfte. Das nächste Mal, wenn Sie oder Ihre bessere Hälfte eine ausgesprochen kräftezehrende oder frustrierende Woche hinter sich haben, sollten Sie ein paar enge Freunde einladen, um mit ihnen den folgenden Texas Taco Meat Loaf zu teilen. Und seien Sie dankbar, daß Sie für diesen Genuß nicht extra ein Hotel in Brand setzen müssen. Es ist die Art von herzhafter und seelenwärmender Nahrung, über der man die Welt vergessen kann. Viele von uns sind mit Hackbraten aufgewachsen, aber dieser bietet mehr als nur schöne Erinnerungen. Sein texanischer Charakter gibt ihm auch das gewisse Etwas für Partys, und etwaige Reste eignen sich zum Belegen von Sandwiches am nächsten Tag.

Hackbraten »Texas Taco Meat Loaf«

3 EL Olivenöl
2 große Zwiebeln, geschält und in Würfel geschnitten
1 große grüne Paprika, geputzt und in kleine Würfel geschnitten
450 g Rinderhackfleisch
450 g Kalbshackfleisch
100 g Schweinehackfleisch
2 Eier
6–8 eingelegte, milde grüne Chilis, mit Flüssigkeit
120 ml Chilisauce
1 Bund frisches Koriandergrün, gehackt
1 EL Chilipulver
500 g Taco- oder Tortilla-Chips

2 EL Olivenöl in einer Pfanne erhitzen und Zwiebel- und Paprikawürfel darin andünsten. Die drei Fleischsorten vorsichtig vermengen. Die Zwiebelmischung, die Eier, die grünen, feingehackten Chilis mitsamt Flüssigkeit, die Chilisauce, das Koriandergrün und das Chilipulver dazugeben und alles vorsichtig durchmischen. Den Backofen auf 175° C vorheizen.
Die Taco- oder Tortilla-Chips im Mixer zu Bröseln zermahlen und gleichmäßig in das Fleisch einarbeiten. Aus dem Fleischteig einen Laib formen, in einen gefetteten Bräter geben und mit dem restlichen Öl bestreichen. Im heißen Backofen 1 1/2 Stunden goldbraun backen.
(Ergibt 6–8 Portionen)

Im jungen Fort Worth machten drei Bordellchefinnen besonders von sich reden, und jede von ihnen hätte zur Königin des horizontalen Gewerbes dort gekrönt werden können. Es waren Mary Porter, Jessie Reeves und Josie Belmost. Die Damen dieses erfolgreichen Triumvirats machten einander harte Konkurrenz um die vornehmere männliche Klientel, aber ihr Wettbewerb blieb Gott sei Dank immer einigermaßen zivilisiert.

Die Häuser der drei waren kaum einen Block voneinander entfernt, und während sie stets bereit waren, einander mit einer Tasse Zucker (oder notfalls auch Schnaps) auszuhelfen, hätten sie doch niemals ihre Mädchen an eine der anderen verliehen. In diesem Punkt gab es unter den Damen ein stillschweigendes Abkommen, und keine der drei besaß jemals die Taktlosigkeit, eine andere zum Ausleihen ihrer Haupthandelsware überreden zu wollen.

Alle drei betrieben ihr Geschäft mit der Einwilligung der Stadtbehörden, die gegen Prostitution nichts einzuwenden hatten, solange die Chefinnen und die unabhängig arbeitenden Prostituierten ihre Steuern bezahlten. Die Gebühren, die – um den Anstand zu wahren – Geldbußen genannt wurden, betrugen 13 Dollar und 10 Cent beziehungsweise 9 Dollar und 10 Cent. Sie wurden fällig, wann immer die Behördenvertreter sie für fällig erklärten. Und das geschah auffälligerweise immer dann, wenn sie das Bedürfnis nach einem kleinen Extra-Taschengeld verspürten oder wußten, daß es den Damen finanziell gerade außerordentlich gut ging. Niemand außer ein paar selbsternannten Moralaposteln beschwerte sich groß über dieses Arrangement zwischen den halbseidenen Damen und den Stadtvätern, da viele Bürger stillschweigend der Ansicht waren, daß die Freudenhäuser der Gemeinschaft einen Dienst leisteten.

Laut Selcer erklärte einer der damaligen Bürgermeister, daß eine Stadt mindestens zwei Freudenhäuser benötigt, damit ein gewisser Grad an freiem Wettbewerb gewährleistet ist, der letztendlich für bessere Bedingungen im Gewerbe sorgt. »Ein einziges Salonhaus in der Stadt«, erklärte der Bürgermeister, »tut wirklich nicht gut.«

Es gibt keine Aufzeichnungen darüber, welches Essen die »Großen Drei« serviert haben. Wahrscheinlich war ihr Essen jedoch genauso außergewöhnlich, wie sie selbst es waren. Schließlich mußte es erstklassige Mädchen sowie eine vornehme Klientel anlocken und auf Dauer zufriedenstellen können.

Hähnchenbrust in »Shimmy«-Koriander-Sauce

Die sogenannte »Shimmy«-Sauce war in den Salonhäusern beliebt, weil sie zum einen gut schmeckt und zum anderen einen lustigen Namen hat. Sie ist nämlich nach einer selbsternannten »Ölhexe« benannt. Texas und Öl sind schon seit 1543 untrennbar verbunden. Damals wurde östlich von Houston von den spanischen Eroberern Erdöl entdeckt. Einige hundert Jahre lang gab es keinen Bedarf für diesen Rohstoff, aber im Maschinenzeitalter sollte sich das schnell ändern. Die Ölbohrtürme und die rauhen Kerle, die die Förderanlagen bedienten, wurden zu den neuen Helden Amerikas.
Einige Leute behaupteten, sie könnten unterirdische Ölvorkommen aufspüren, und darunter war eben auch jene besagte »Ölhexe«. Die Dame schwor, daß sie jedesmal unkontrolliert zu zucken begann (engl. to shimmy = wackeln, zucken), wenn sie den Boden über einem Ölfeld betrat. Sie dabei zu beobachten machte wahrscheinlich mehr Spaß als sich einer Wünschelrute zu bedienen – und mindestens genausoviel Spaß macht es, diese Sauce zu essen. Das gewisse Etwas bekommt sie durch die Zugabe von aromatischer Erdnußbutter:

4 Hähnchenbrustfilets, ohne Haut
120 ml Olivenöl
Saft und abgeriebene Schale einer unbehandelten Zitrone
1 TL getrockneter Oregano
60 g Erdnußbutter
1 Knoblauchzehe, geschält
1 Bund Koriandergrün, gehackt
1 grüne, scharfe Peperoni, entkernt
1 TL Senf
1/2 TL gemahlener Kreuzkümmel

Die Hähnchenbrustfilets in eine flache Schale legen.
In einer kleinen Schüssel die Hälfte des Olivenöls, Zitronensaft und -schale und Oregano verquirlen und die Hähnchenfilets gleichmäßig mit der Ölmischung bestreichen. Zugedeckt mindestens eine Stunde im Kühlschrank ziehen lassen.

Für die Sauce die übrigen Zutaten mit dem restlichen Olivenöl in den Mixer geben und solange mixen, bis eine homogene Sauce entsteht.
Die Hähnchenfilets aus der Marinade nehmen und entweder goldbraun grillen und dabei immer wieder mit Marinade bestreichen oder in etwas Marinade in einer Pfanne braten. Auf keinen Fall zu lange garen, damit das Hähnchenbrustfleisch saftig bleibt.
Sofort mit der »Shimmy«-Sauce beträufelt servieren.
(Ergibt 4 Portionen)

In der texanischen Küche schlägt oft der spanische Einfluß durch. Ganz deutlich wird das bei der Vorliebe, die die Texaner für Flan hegen. Geschmack und Konsistenz dieser an Eiern reichen spanischen Köstlichkeit machten Tante Olga aus Fort Worth berühmt. Wir konnten niemand ausfindig machen, der sich an den Familiennamen des Tantchens erinnert. Außerdem haben wir den leisen Verdacht, daß das Dessert sie hauptsächlich deswegen so berühmt gemacht hat, weil sie kräftig Rum dazugegeben hat, der traditionellerweise eigentlich gar nicht hineingehört. Je nach Saison wird der Flan gewöhnlich mit frischen Beeren serviert, ansonsten mit Orangenspalten.

Tante Olgas berühmter Flan

350 g Zucker
4 EL Wasser
8 Eier
2 Dosen Kondensmilch (à 340 ml)
6 cl brauner Rum

Den Backofen auf 175° C vorheizen. 230 g Zucker und das Wasser in einem Topf mit dickem Boden vermischen und bei mittlerer Hitze unter ständigem Rühren kochen, bis die Mischung karamelisiert ist.

Sofort in eine gebutterte Ringform von ca. 1,5 l Inhalt oder eine Kastenform von 24 cm Länge füllen und diese hin und her bewegen, bis Boden und Wände vollständig bedeckt sind, dann beiseite stellen.
In einer großen Schüssel die Eier mit dem restlichen Zucker, der Kondensmilch und dem Rum verrühren. In die mit Karamel ausgekleidete Backform gießen. Einen ausreichend großen Topf zweifingerbreit mit heißem Wasser füllen. Die Form soll etwa zur Hälfte im Wasser stehen. 1 Stunde lang im Backofen garen. Der Flan ist fertig, wenn man mit einem Holzstäbchen in die Mitte des Flans sticht, und nichts hängenbleibt. Den Flan aus dem Wasserbad nehmen und auf einem Gitterrost bis zu Zimmertemperatur abkühlen lassen.
Dann zugedeckt über Nacht in den Kühlschrank stellen. Mit einem spitzen Messer an der Innenseite der Form entlangfahren, und den Flan auf eine Platte mit hohem Rand stürzen. Beliebig mit frischen Beeren oder Kompottfrüchten servieren.
Übriggebliebener Flan schmeckt auch noch am nächsten Tag, wenn er im Kühlschrank aufbewahrt wird.
(Ergibt 6–8 Portionen)
Tip: Wenn Sie ein anderes Aroma bevorzugen, können Sie den Rum auch durch eine der folgenden Zutaten ersetzen:
1/2 TL Vanilleextrakt
1/2 TL gemahlener Zimt
Saft und geriebene Schale einer Limone
Saft und geriebene Schale einer unbehandelten Zitrone

Mary Porter wurde die berühmteste unter den drei hochrangigen Bordellchefinnen von Fort Worth, wahrscheinlich weil sie mit einer gewissen Fanny Porter aus San Antonio verwechselt wurde. Die Ähnlichkeit beschränkt sich allerdings auf den Namen, da die zwei Damen Porter gar nicht unterschiedlicher hätten sein können. Während Marys Haus in jeder Hinsicht *political correct* war, bot Fanny den gesetzlosesten Burschen im ganzen Westen Unterschlupf. Fanny war die Freundin und Beschützerin einer üblen Bande von Eisenbahnräubern, Pferdedieben und Auftragsmördern, die sich »The Wild Bunch« nannte und immer wieder in Filmen und Fernsehshows porträtiert wurde. Sie zogen sich des öfteren in Fannys Haus zurück, um weitere waghalsige und später allzu romantisierte Raubzüge zu planen. Unter den wilden Desperados, die bei Fanny verkehrten, waren auch Butch Cassidy und Sundance Kid. Die beiden Outlaws wurden in dem berühmten Film über ihre kriminellen Abenteuer äußerst vorteilhaft von Paul Newman und Robert Redford dargestellt.

Die Bande lebte bei Fanny gewöhnlich in Saus und Braus, und auch wenn sie gerade mitten in einem Coup steckten, kehrten sie dort in aller Eile ein. Ihre Satteltaschen enthielten so nahrhafte Verpflegung wie Wurstsemmeln, hartgekochte Eier, kalte gebackene Süßkartoffeln und Scheiben von belegtem Maisbrot mit Schinken.

Fanny war diejenige, die die Satteltaschen packte, und wenn die Jungs ein wirklich großes Ding drehen wollten, bereitete sie ihnen am Abend zuvor etwas ganz Besonderes zu, um ihnen damit Glück zu wünschen. Bei dieser Gelegenheit hat wohl nie jemand vom »letzten Abendmahl« gesprochen, aber einige Male ist es für ein paar Pechvögel aus der Gang dazu geworden. Die Männer waren sich der Gefahren, die vor ihnen lagen, durchaus bewußt, aber nach der Art und Weise, wie sie aßen und tranken, hätte das keiner vermutet.

Eine besondere Spezialität bei Fannys Goodbye-and-Good-luck-Dinners war *cabrito* – ein gegrilltes Zicklein. Dazu wurde in den Erdboden eine Grube gegraben, die als Ofen zum Garen des Zickleins diente. Wohlhabende Farmer pflegen diesen alten texanischen Brauch heute noch. Sie vermitteln Gästen, die nicht aus Texas stammen, damit gerne einen Eindruck von der guten alten Zeit. Das nächste Mal, wenn Sie das dringende Bedürfnis verspüren, eine Ziege zu grillen, sollten Sie also einen Ihrer reichen texanischen Freunde anrufen und ihn fragen, wie man diese historische Grube gräbt und sie in einen Ofen verwandelt. Oder aber Sie widerstehen dieser Versuchung und setzten statt dessen auf Lamm. Hier also die moderne Entsprechung für *cabrito*, nämlich Lammburger, für die sie lediglich einen normalen Grill benötigen. Es besteht also absolut kein Bedarf, eine Grube zu graben! Aber natürlich können Sie das Lammhackfleisch auch durch das Fleisch eines Zickleins ersetzen, wenn Sie das möchten.

Lammburger mit Joghurtsauce

700 g gehacktes Lammfleisch
1 Bund Koriandergrün, gehackt
60 g Ziegenfrischkäse
Salz und Pfeffer nach Belieben
250 g Naturjoghurt
1 kleine Salatgurke, geschält und in Würfel geschnitten
1 TL Kreuzkümmelsamen
1 Prise gemahlener Zimt
1 Prise Cayennepfeffer

Das durchgedrehte Fleisch zu vier gleich großen Fleischplätzchen formen.
Koriandergrün, Käse, Salz und Pfeffer verrühren. In jede der Frikadellen eine Tasche schneiden, diese mit der Käsemischung füllen und außen wieder dicht verschließen.
Die Frikadellen mit Salz und Pfeffer würzen, mit Öl bepinseln und auf dem heißen Grill etwa 10 bis 15 Minuten goldbraun und gar grillen.
Den Joghurt mit den übrigen Zutaten vermischen, mit Salz und Pfeffer würzig abschmecken und zu den Lammfrikadellen reichen.
(Ergibt 4 Portionen)

Wer immer sich für die Geschichte texanischer Freudenhäuser interessiert, kann Dallas getrost vergessen. Die ebenfalls noch relativ junge Siedlung besaß zwar ein Rotlichtviertel, aber außer der Tatsache, daß es Frogtown genannt wurde, ist darüber kaum etwas bekannt. Ein gegenwärtiger Besucher des Viertels meinte dazu nur: »Das paßt. Dallas ist so ordentlich und sauber. Klar, daß die Leute, die hier lebten, als der Westen noch wild war, lieber vorgaben, daß es so etwas wie Prostitution in ihrer Stadt gar nicht gibt.« Dasselbe Phänomen existiert noch heute. Seit der Zeit, als Stanley Marcus etwas Kultur nach Texas gebracht hat, versucht man, alles Anstößige in der Geschichte von »The Big D« (wie Dallas auch genannt wird) herunterzuspielen und möglichst die Weltoffenheit der Stadt herauszustreichen.

Ob der große Stanley nun dafür verantwortlich war oder nicht, es muß doch festgehalten werden, daß Dallas verdammt gute Arbeit dabei geleistet hat, Gras über die Verfehlungen der Vergangenheit wachsen zu lassen. The Big D ist heute eine der stolzesten Städte Amerikas. Und tatsächlich ist Dallas weltoffen, kultiviert und ein wunderbarer Ort für Feinschmecker. Eine der vielen vollendeten Gastgeberinnen dieser Stadt ist für zwei Gerichte ganz besonders bekannt, die, wie sie einmal sagte, »nur ein bißchen typisch für den Westen« sind. Diese beiden Rezepte gaben den Anstoß zu den folgenden Gerichten, die wir unseren New Yorker Freunden gerne servieren:

Ratatouille »Big D«

2 EL Olivenöl
1 rote Zwiebel, geschält und gewürfelt
6 Knoblauchzehen, gehackt
1 große Aubergine, gewürfelt
Salz
4 kleine Zucchinis, in dicke Scheiben geschnitten
2 grüne Paprika, geputzt und in dicke Streifen geschnitten
250 g Champignons, geputzt und geviertelt
1 Bund Basilikum, gehackt
1 Bund Petersilie, gehackt
1 TL frisch gehackter Oregano
1 Dose Tomatenstücke (480 ml)
Salz und Pfeffer nach Belieben
60 g frisch geriebener Parmesan

Das Öl in einer großen Pfanne erhitzen und die Zwiebel und den Knoblauch darin glasig dünsten. Die Aubergine salzen, kurz durchziehen lassen und zu den Zwiebeln geben. 8–10 Minuten mitschmoren, dann Zucchini, Paprika und Champignons hinzufügen und kurz mitdünsten.

Die Hälfte der gehackten Kräuter untermischen, mit den Tomatenstücken und der Einlegflüssigkeit begießen und zugedeckt bei schwacher Hitze etwa 30 Minuten garen lassen. Dabei gelegentlich umrühren.
Den Parmesan streut sich bei Tisch jeder nach eigenem Gusto über seine Portion.
(Ergibt 6 Portionen)
Tip: Ratatouille wird oft mit Polenta oder Maisbrot serviert.
Und denken Sie daran: Noch besser schmeckt Ratatouille am nächsten Tag!

Lucias Reissalat mit Garnelen

250 g Garnelen, geschält, entdarmt und gegart
250 g Artischockenherzen (abgetropft aus der Dose)
500 g gekochter Reis, abgekühlt
5 EL Schalottenwürfel
1 große rote Paprikaschote, geputzt und gewürfelt
60 g geröstete Pecannüsse, gehackt
4 EL Mayonnaise
4 EL saure Sahne
Saft einer Zitrone
Salz und Pfeffer nach Belieben
einige schöne, grüne Salatblätter

Die Garnelen in eine Schüssel geben, einige für die Garnitur beiseite legen. Die Artischockenherzen vierteln und hinzufügen. Einige Artischockenviertel ebenfalls für die Garnitur aufbewahren.
Reis, Schalotten, rote Paprika und Pecannüsse mit Garnelen und Artischocken vermischen. Mayonnaise, saure Sahne, Zitronensaft, Salz und Pfeffer verquirlen und den Salat damit anmachen. Gut durchmi-

schen und zugedeckt für einige Stunden oder über Nacht in den Kühlschrank stellen.

Auf grünen Salatblättern anrichten und mit Garnelen und Artischocken garniert servieren.

(Ergibt 4–6 Portionen)

Eine andere vielgerühmte Gastgeberin aus Dallas erzählte uns, sie würde niemals Leute zum Cocktail einladen, ohne eine große Menge »Beaten Biscuits« vorbereitet zu haben. Beaten Biscuits sind in den USA von Texas bis hinauf nach South und North Carolina ein echter Klassiker für zwanglose Abendgesellschaften. Halbiert, mit sogenanntem Honey mustard (in den USA beliebter, mit Honig gesüßter Senf) bestrichen und mit einer Scheibe Schinken belegt, werden sie besonders von Männern sehr geschätzt – vor allem von denen, die gerne viel trinken. Früher erforderten Beaten Biscuits eine Menge Muskelkraft, denn der Teig mußte mit 200 Schlägen bearbeitet werden. Dank elektrischer Küchenmaschinen ist nun Schluß mit dieser Knochenarbeit. Probieren Sie dieses Quick-and-Easy-Rezept doch einfach einmal aus.

Schnellbrötchen »Beaten Biscuits«

500 g Mehl
1 TL Zucker
1/2 TL Salz
1/2 TL Backpulver
125 g Pflanzenfett, z. B. Palmin oder Biskin
4 EL Crème double
4–5 EL Eiswasser

Mehl, Zucker, Salz und Backpulver in einer Küchenmaschine einige Sekunden verrühren. Das Pflanzenfett stückchenweise dazugeben und weiterrühren, bis der Teig eine krümelige Konsistenz aufweist.
Unter weiterem Rühren die Crème double und das Eiswasser in einem gleichmäßigen Strahl zugeben. Weiterrühren, bis der Teig eine Kugel bildet. Dann nochmals etwa 2 Minuten durcharbeiten, bis er einen leichten Glanz bekommt.
Den Backofen auf 175° C vorheizen.
Den Teig auf einer leicht bemehlten Arbeitsplatte mit einem Nudelholz 1/2 cm dick ausrollen. Auf die Hälfte zusammenschlagen, so daß zwei aufeinanderliegende Schichten entstehen. Jetzt Kreise von 5 cm Durchmesser ausstechen. Diese auf ein ungefettetes Backblech legen und die Oberfläche mit einer Gabel einige Male einstechen. Etwa 30 Minuten backen, bis das Gebäck leicht gebräunt ist und sofort servieren.
(Ergibt 2 Dutzend Stück)
Tip: Sehr gut schmecken die Kekse auch mit dünnen Scheiben von geschnittenem Hähnchen-, Truthahn- oder Rindfleisch belegt. Natürlich auch mit Butter und Marmelade!

Fort Worth, dreißig Meilen westlich, blickt unterdessen genauso stolz auf seine sündige Vergangenheit wie Dallas auf seine gegenwärtige Weltoffenheit. Da wir persönlich dazu neigen, alle Städte mit unserem Gaumen zu beurteilen, geben wir beiden Orten Bestnoten – Fort Worth für eine Reihe von ursprünglichen Gerichten, deren Namen so blumig und phantasievoll sind wie sie selbst. Besonders gut hat uns »Bull's Eye« gefallen, eine wahre Augenweide, von der Partygäste stets begeistert sind. Es ist ein köstlicher Blickfang für einen Buffet- oder Cocktailtisch und besticht durch gelbe, schwarze und weiße Kreise, in deren Mitte sich als »Bullenauge« ein roter Kreis befindet. Das Ganze sieht aus, als hätte ein Partyservice stundenlang daran gearbeitet, und warum sollte man nicht so tun als ob! In Wirklichkeit können Sie das Ganze selbst in ein paar Minuten konzentrierter Arbeit herstellen.

Garnierter Kaviar »Bull's Eye«

500 g Doppelrahmfrischkäse
2 TL Zitronensaft
50 g Keta- oder Forellenkaviar
2 Eigelb, hartgekocht
120 g Beluga- oder Sevrugakaviar
2 Zwiebeln, in kleine Würfel geschnitten

Frischkäse und Zitronensaft glatt rühren. Die Käsemischung auf einer tiefen runden Platte mit etwa 24 cm Durchmesser gleichmäßig dick verteilen, so daß eine Grundlage für die Zielscheibe entsteht.
In der Mitte der Fläche einen Kreis aus rotem Kaviar legen. (Das ist das »Bull's Eye«! So heißt auf Englisch der Mittelpunkt einer Zielscheibe.) Das hartgekochte Eigelb fein zerkrümeln und in einem Kreis um den Kaviar herumstreuen. Die Frischkäsescheibe mit weiteren Kreisen aus schwarzem Kaviar und feingehackten Zwiebeln bestreuen. Dann die Platte locker mit Klarsichtfolie abdecken und in den Kühlschrank stellen. Mit knusprigen Kräckern oder Toastecken servieren.
(Ergibt 8–10 Portionen)
Tip: Wenn etwas übrigbleibt, was allerdings ziemlich unwahrscheinlich ist, einfach alles vermischen, kleine Kugeln daraus formen und in Kaviar wälzen.

Cowboy-Kaviar

Fort Worth verdient es auch, für eine delikate Erfindung namens »Cowboy-Kaviar« gelobt zu werden. Wir haben sie nach dem folgenden Rezept zubereitet und einem Freund aus New York serviert. Er meinte, der Cowboy-Kaviar sei so gut, daß er darüber sogar seinen geliebten Beluga-Kaviar vergessen könnte. Soweit würden wir zwar nicht gehen, aber der falsche Kaviar schmeckt wirklich köstlich – von der Kostenersparnis

ganz zu schweigen!
1 Aubergine (etwa 600 g)
4 EL Olivenöl
1 Bund Petersilie, gehackt
2 Knoblauchzehen, zerdrückt
1 EL Zitronensaft
1 TL gemahlener Kreuzkümmel
1/2 TL grob gemahlener, schwarzer Pfeffer
2 EL Kapern, abgetropft
2 EL mit Paprika gefüllte grüne Oliven, in Scheiben geschnitten
Dreiecke aus Pitabrot oder Kräcker

Die Aubergine mit einer Gabel rundherum mehrmals einstechen und entweder im 200° C heißen Backofen etwa 20–30 Minuten garen, dabei zwischendurch wenden, oder in eine mikrowellengeeignete Schale legen und in der Mikrowelle auf höchster Stufe 7 Minuten lang garen und dabei einmal wenden.
Anschließend abkühlen lassen, halbieren und das Fleisch herauslöffeln. Mit den übrigen Zutaten bis auf Kapern und Oliven im Mixer fein pürieren. Die Masse kühlstellen. Vor dem Servieren Kapern und Oliven behutsam unterheben. Als Dip zu Pitabrot oder Kräckern reichen.
(Ergibt 6–8 Portionen)

Texanischer Zitrusfrüchtesalat

Der erfrischendste Salat, den wir jemals gegessen haben, war eine texanische Delikatesse aus Zitrusfrüchten aus dem berühmten Tal des Rio Grande. Wer immer noch glaubt, daß Fort Worth lediglich ein überdimensionales Kuhdorf ist, wird bei diesem feierlichen Essen eines Besseren belehrt. Die elegante Gastgeberin servierte den Salat mit einem einfachen kleinen Gericht aus geschmorten Hühnerbrüstchen und Tex-

Mex-Pasta.

2 Grapefruits
2 Orangen
4 Schalotten, geschält und gewürfelt
4 EL Olivenöl
1 EL Weinessig
1 Prise getrockneter Oregano
Salz und Pfeffer nach Belieben
100 g Kalamata-Oliven, in Scheiben geschnitten
120 g Feta-Käse, zerkrümelt

Die Grapefruits und Orangen so großzügig schälen, daß die weiße Haut völlig entfernt ist, dann quer in sehr dünne Scheiben schneiden. Eine flache Schüssel damit auslegen. Schalotten, Öl, Essig, Oregano, Salz und Pfeffer vermischen und die Oliven und den zerkrümelten Feta-Käse untermischen. Über die Zitrusfrüchte gießen und zugedeckt einige Stunden oder besser noch über Nacht in den Kühlschrank stellen.
(Ergibt 6–8 Portionen)

Obwohl Waco nirgends als Kandidatin für den Titel »Hauptstadt der Sünde« auftaucht, wartet die Stadt doch mit einer an Prostitution reichen Geschichte auf, die von einer gewissen Aimee Harris Johnson säuberlich aufgeschrieben wurde. Frau Johnson reichte im Jahre 1990 ihre Magisterarbeit mit dem Titel »Prostitution in Waco« bei der Fakultät der Baylor Universität ein.

Waco, ursprünglich unter dem Namen Six Shooter Junction bekannt, war eine Hochburg der Baptisten und wurde deswegen auch »the buckle of the bible belt« genannt (»die Schnalle des Bibelgürtels«; als Bibelgürtel bezeichnet man bestimmte Gebiete im Süden und Mittleren Westen der USA, die für den religiösen Fundamentalismus ihrer Bewohner bekannt sind). Doch der Sitz dieser sprichwörtlichen Gürtelschnalle war offenbar nicht fest genug, um zu verhindern, daß Waco als zweite Stadt in ganz Amerika die Prostitution legalisierte. In ihrem Bemühen, das Laster wenigstens auf ein Viertel zu beschränken, setzten die Behörden fest, daß die Prostitution ohne das Risiko der Strafverfolgung nur in einem speziell dafür ausgewiesenen Bezirk, genannt »The Reservation«, ausgeübt werden durfte. Der Haken an der Sache war, daß die Mädchen ständig in diesem Reservat bleiben mußten. Sie durften es nicht verlassen, außer für gelegentliche Ausflüge zum Kauf notwendiger Dinge (und auch dann nur zu zweit).

Wir schulden Frau Johnson Dank für die Entdeckung einer weiteren Hure mit einem großen Herz, nämlich die Bordellchefin Edna Ellmore, die die sogenannten Twin Cottages in der North Second Street 438 besaß und betrieb. Das ambivalente Verhalten der baptistischen Gemeinde von Waco gegenüber der Prostitution schlägt sich auch in der Todesanzeige für Edna Ellmore nieder, in der geschrieben steht: »Eine Macht, die alles weiß, wird über sie richten, und sowohl ihre guten Taten als auch ihre Verfehlungen werden beurteilt werden. Sie hat nie den Hungrigen Brot verweigert, und sie besuchte die Kranken und pflegte sie. Der Tod macht alle gleich und reinigt alle, laßt vor seinem schrecklichen Angesicht den Vorwurf ohne Stimme bleiben.«

Laut Aimee Johnson war Edna Ellmore demnach die klassische Hure mit dem großen Herz. Trotzdem blieb sie in den Augen der Gemeinde immer eine Hure, und man sah quasi mit den Augen Gottes auf ihren Lebenswandel herab.

Eine andere Bordellchefin, der trotz ihres Metiers eigentlich ein Orden gebührt hätte, war Mollie Adams. Mollie hatte mit drei voneinander unabhängigen Freudenhaus-Unternehmen ein Vermögen gemacht und ließ aus Dankbarkeit nichts unversucht, um die Langeweile und Plackerei im Leben der Mädchen zu vermindern. Da sie im Reservat völlig isoliert waren, dachte sie sich zu ihrer Unterhaltung kleine gesellschaftliche Er-

eignisse aus, unter anderem ein jährliches Picknick, das stets freudig erwartet wurde. Sie mietete Taxis, die ihre Mädchen zum Ufer des Bosque fuhren, direkt hinter der Stadtgrenze. Dieser Ort war insofern vorteilhaft, als die Gesellschaft außerhalb der Stadtgrenze nicht wegen Verlassens des Viertels gesetzlich belangt werden konnte. So wateten die Mädchen dort im Fluß, spielten harmlose Picknickspiele und hatten einen Tag lang Spaß an einem ganz gewöhnlichen »Familienausflug«. Molly sah dem Treiben huldvoll zu, betrachtete die Diamantringe, die die meisten ihrer Finger zierten, und bedauerte sich wegen ihres Hangs, sich in Männer zu verlieben, die sich mehr für ihr Geld als für ihr Herz und ihren Verstand interessierten. Sie zahlte jedem Taxifahrer 10 Dollar für die Fahrt und gab ihnen noch 10 Dollar Trinkgeld, damit sie ihre Mädchen höflich und galant behandelten.
Ja, und was wird bei so einem Freudenhaus-Picknick gegessen? In diesem Falle waren Mollie Adams spezielle Russische Eier der absolute Hit. Daneben gab es natürlich auch Sandwiches und Texas-fried Chicken, gebackenen Schinken, Kartoffelsalat, Sandkuchen, Süßkartoffeltorte, Eistee, Limonade und Bier.

Mollie Adams Russische Eier

Zu Mollies Picknick waren zwar nur ihre Mädchen zugelassen, aber sicher gibt es keinen Mann auf der Welt, der Russische Eier nicht mag. Die Herren der Schöpfung werden sich darauf stürzen, wenn Sie sie auf einer Party servieren.

12 Eier, hartgekocht
8–10 EL leichte Mayonnaise
4 EL süßsaures Relish
1 TL Apfelessig
1 TL Dijonsenf
Salz und weißer Pfeffer nach Belieben
1 Spritzer Tabasco

einige Streifen eingelegte Paprikaschoten zum Garnieren
Die Eier längs halbieren und das Eigelb vorsichtig herauslösen.
Das Eigelb durch ein feines Sieb streichen und mit soviel Mayonnaise verrühren, bis eine cremige und formbare Masse entstanden ist. Alle übrigen Zutaten bis auf die Paprikastreifen gründlich unterrühren und würzig abschmecken.
Die Eigelbmischung entweder mit Hilfe eines kleinen Löffels oder mit einem Spritzbeutel mit Lochtülle wieder in die Eiweißhälften füllen. Mit einem Paprikastreifchen oder – wenn Sie es noch bunter wollen – mit einem Kreuz aus zwei Paprikastreifchen garnieren.
(Ergibt 24 Stück)
Tip: Wenn's ganz raffiniert sein soll, garnieren Sie die Eier mit etwas russischem Kaviar.

Als Waco um die Jahrhundertwende herum beschloß, die Prostitution zu lizensieren, wurde die Stadt zum Hauptangriffsziel eines selbsternannten »puristischen Evangelisten« namens J. T. Upchurch. Die Stadtväter hofften nämlich, es würde der Kontrolle des Lasters in Waco dienen, wenn man von den Prostituierten verlangte, sich Lizenzen einzuholen. Daneben entsprang daraus natürlich auch eine neue Einnahmequelle für die Stadt. Für zwei Dollar fünfzig – das entspricht etwa 25 Dollar in heutiger Währung – konnte ein Mädchen die offizielle Erlaubnis erwerben, ohne die Gefahr einer Strafverfolgung drei Monate lang ungestört sein Gewerbe auszuüben.
Die Mädchen schrien »Verrat!«, und Upchurch stürmte durch die Straßen und brüllte »Höllenfeuer und Verdammung!« Natürlich schenkte kaum jemand den Mädchen seine Aufmerksamkeit, aber Upchurch führte einen so fanatischen und ewigen Kreuzzug, daß es kaum möglich war, ihn zu ignorieren. Dieser Prediger der Anständigkeit war der Leiter der Home Mission and Rescue Commission of Texas, einer Organisation, die er selbst ins Leben gerufen hatte. Er opferte sein Leben der Aufgabe, all das zu verdammen, was er für verrucht und sündhaft hielt, und es wenn möglich auszutilgen. Das betraf nun leider so ziemlich alles, woran die Texaner Spaß hatten. Sein gerechter Zorn

traf nicht nur die Prostitution, sondern auch das Poolbillard- und Dominospiel, Pferderennen, Preisboxen, das Opernhaus von Dallas und Bühnenspiele jeglicher Art, den Ballsaal (den er »das Empfangszimmer des Teufels« nannte), das Kauen von Tabak, Whisky, süßen Wein, Bier, schmutziges Gerede, Wahrsagerei und Hypnose.

Da es einfacher war, die Lizensierung der Prostitution wieder aufzuheben, als all die anderen genannten Dinge abzuschaffen, gaben die Behörden von Waco schließlich nach. Das Lizensierungsgesetz wurde zurückgenommen, Upchurch frohlockte, und die Mädchen von Mollie Adams hatten beim nächsten Picknick einen ganz speziellen Grund zum Feiern.

Obwohl sich die Zeiten geändert haben, sind die Texaner gegenüber dem ältesten Gewerbe der Welt immer noch sehr tolerant. So richtete vor ein paar Jahren die Struggs Junior High School in Lubbock eine Geschichtsausstellung aus, bei der ein schüchterner Siebtklässler im Alter von 14 Jahren einen ganz besonderen Sinn für Geschichte bewies. Er bastelte nämlich als Ausstellungsstück das maßstabsgetreue Modell eines Freudenhauses, das der berüchtigten Chicken Ranch in La Grange doch sehr ähnelte. Es war ein graues, zweistöckiges Gebäude mit weißen Holzbalken, einem roten Dach und einem Kamin aus Zuckerwürfeln. Innen war das Haus wirklichkeitsgetreu eingerichtet, einschließlich der roten Lampen und anzüglichen Bilder. Die Preisrichter ließen den Jungen zwar die Bilder entfernen, die roten Lampen aber unangetastet und verliehen ihm den ersten Preis. Doch woher hatte der Junge bloß diese Idee? Er sagte, »das weiß ich eigentlich nicht so recht«, und seinen Lehrern fiel ein Stein vom Herzen, als er hinzufügte, »jedenfalls nicht aus der Schule«. Auf jeden Fall bekam er seinen Preis (eine Erinnerungsplakette), und sein Haus wurde in der LBJ Library in Austin ausgestellt. Dort gab es auch die Arbeiten der anderen 29 Gewinner zu sehen, die – wie vorherzusehen gewesen war – Windmühlen und Pueblos aus Zuckerwürfeln und Holzstäbchen, die beim Eisessen übriggeblieben waren, gebastelt hatten. Sie wurden allerdings kaum beachtet. Die Menschenmassen dagegen sammelten sich – na wo wohl? – natürlich um das roterleuchtete Freudenhaus aus der Struggs Junior High School.

Soviel also zur Geschichte des Lone-Star-Bundesstaates. Lang lebe Texas!

Register